SAÍDA, VOZ E LEALDADE
Reações ao declínio de firmas, organizações e estados

Coleção Debates
Dirigida por J. Guinsburg

Conselho Editorial: Anatol Rosenfeld, Anita Novinsky, Aracy Amaral, Bóris Schnaiderman, Carlos Guilherme Mota, Celso Lafer, Dante Moreira Leite, Gita K. Guinsburg, Haroldo de Campos, Leyla Perone-Moisés, Maria de Lourdes Santos Machado, Regina Schnaiderman, Robert Norman V. C. Nicol, Rosa R. Krausz, Sábato Magaldi, Sergio Miceli e Zulmira Ribeiro Tavares.

Equipe de realização: Tradução: Angela de Assis Melim; Revisão: Eglacy Porto Silva; Produção: Lúcio Gomes Machado; Capa: Moysés Baumstein.

albert hirschman
SAIDA, VOZ E LEALDADE

**Reações ao declínio de firmas,
organizações e estados**

EDITORA PERSPECTIVA

Título do original inglês:

Exit, Voice, and Loyalty
Responses to Decline in Firms, Organizations, and States

© Copyright 1970 by the President and Fellows of Harvard College

Direitos para a língua portuguesa reservados à
EDITORA PERSPECTIVA
1973

Editora Perspectiva S.A.
Av. Brigadeiro Luís Antônio, 3.025
Telefone: 288-6680
São Paulo — Brasil — 01401

SUMÁRIO

1 Introdução e *Background* Doutrinal 13

   "Saída" e "voz" entram em cena
   Amplitude da deterioração e slack *no pensamento econômico*
   Saída e voz como representantes da economia e da política

2 Saída 31

   Como funciona a opção de saída
   O aspecto conspiratório da concorrência

3 Voz 39

   Voz como "sobra da saída"

Voz como alternativa à saída

4	Uma dificuldade especial em combinar voz e saída	51
5	Como a concorrência "conforta" o monopólio	61
6	O duopólio num espaço linear e a dinâmica dos sistemas bipartidários	69
7	Uma teoria de lealdade	81

*A ativação da voz como função da lealdade
A lealdade modificada pela iniciação severa
e alto custo de saída
Lealdade e a dificuldade de saída dos bens
(e males) públicos*

8	A voz e a saída na ideologia e na prática americanas	107
9	A evasiva combinação ótima de voz e de saída	119

Apêndices 127

A. Diagramação simples da voz e da saída .. 129
B. A escolha entre voz e saída 131
C. O fenômeno reverso 135
D. Reações do consumidor e aumentos no preço e a declínio da qualidade no caso de vários bens para *connoisseurs* 137
E. Os efeitos da iniciação severa na atividade: plano para uma experiência (em colaboração com Philip G. Zimbardo e Mark Snyder) 141
Índice de referências 149

A Eugênio Colorni (1904-1944)
que me mostrou as pequenas idéias e como elas podem crescer

PREFÁCIO

Esse livro não foi planejado. Sua origem foi uma observação a respeito do transporte ferroviário na Nigéria, que ocupou um parágrafo do meu livro anterior, aqui reproduzido no início do capítulo 4. Um crítico fez objeções a esse parágrafo, pois, como bondosamente se expressou, "ele provavelmente esconde uma série de hipóteses sem fundamento". Pouco depois, resolvi perseguir essas hipóteses até seus esconderijos e logo me vi envolvido numa interessante expedição que durou todo o ano que eu tinha planejado passar em tranqüila meditação no Center for Advanced Study in the Behavioral Sciences. *

(*) Centro de Estudos de Comportamento.

A principal razão da minha perseverança ficará clara para o leitor: eu tinha chegado a uma análise de certos processos econômicos, a qual prometia esclarecer grande escala de fenômenos sociais, políticos e mesmo morais. Mas este livro não usa instrumentos de uma disciplina com o propósito de que outra se incorpe a ela. Como se vê, principalmente nos apêndices, os conceitos que desenvolvo podem ser traduzidos para a linguagem da análise econômica tradicional, possivelmente enriquecendo-a; mas de maneira nenhuma se limitam a ela. Pelo contrário, cheguei a achar que meus conceitos de *saída* e de *voz* ampliavam-se demais, conforme eu me introduzia, surpreendentemente sem dificuldades, em novos territórios. A principal concessão que fiz a tais preocupações foi a de escrever um livro curto. E após ter achado uma forma de unificar assuntos tão diversos como concorrência, sistema bipartidário, divórcio, caráter americano, *black power* e a impossibilidade de altos funcionários demitirem-se em função do Vietnam, decidi expandir-me um pouco.

O *Center* proporcionou um ambiente favorável a este tipo de projeto. Fiz amplo uso do direito de entrevistar colegas, o que acredito que seja uma parte essencial da tradição oral do *Center*. Quase todas as minhas dívidas intelectuais para com aqueles que passaram o ano comigo aparecem em referências de rodapé. Sou principalmente grato a Gabriel Almond, que contribuiu para importantes pontos críticos, tendo sido apoio permanente à minha iniciativa; a Richard Lowenthal, pelo seu comentário que me levou a escrever o capítulo 6; a Tjalling Koopmans, que me ajudou a aprofundar alguns argumentos técnicos, assim como Robert Wilson, da Stanford Business School.

Abram Bergson e Albert Fishlow leram o manuscrito acabado e fizeram importantes comentários e sugestões. Antes disso, tirei proveito de seminários em Harvard, Yale e Boston College, onde discuti algumas de minhas idéias. No decorrer do ano de 1967, David S. French pesquisou a vasta literatura sobre concorrência na busca de idéias que pudessem ser precursoras das minhas, felizmente sem muito sucesso.

Uma grande recompensa foi a fato de Philip G. Zimbardo, professor de psicologia da Stanford University considerar algumas das minhas hipóteses suficientemente interessantes para verificação experimental. A pesquisa vem descrita num apêndice.

Hildegarde Teilhet datilografou o manuscrito várias vezes, com zelo e perícia.

Minha mulher, que tanto contribuiu para os meus livros anteriores, decidiu, sabiamente, deixar-me gozar o sol da Califórnia.

Stanford, Califórnia,
julho de 1969

A.O.H.

1
INTRODUÇÃO E BACKGROUND DOUTRINAL

Sob qualquer sistema econômico, social ou político, indivíduos, firmas e organizações em geral estão sujeitos a falhas de eficiência, racionalidade, legalidade, ética ou de outros tipos de comportamento funcional. Não importa quão bem estabelecidas as instituições básicas de uma sociedade, alguns agentes, ao tentarem assumir o comportamento que deles se espera, estão fadados ao fracasso, ainda que por razões acidentais de quaisquer tipo. Cada sociedade aprende a viver com certa parcela desse funcionamento deficiente ou desse mau comportamento; mas para que tal comportamento inadequado não se alimente e não leve à deterioração geral, é preciso que a sociedade seja capaz de forçar esses agentes ineptos tantos quantos for possível a assumirem as atitudes e métodos exigidos para seu bom funcionamento.

Inicialmente, este livro propõe-se a reconhecer essa capacidade conforme sua atuação na economia; veremos contudo, que conceitos a serem desenvolvidos serão aplicáveis não apenas a agentes econômicos como as empresas, mas também a uma grande variedade de organizações e situações não-econômicas.

Enquanto moralistas e estudiosos de ciências políticas têm-se preocupado em moralizar a conduta de indivíduos, sociedades e governos em decadência, os economistas têm dado pouca atenção às *falhas reparáveis* dos agentes econômicos. São duas as razões dessa negligência. Primeiro, em economia, ou se assume um comportamento total e irreversivelmente racional ou, no mínimo, um *nível permanente* de racionalidade da parte dos agentes econômicos. A deterioração de uma firma pode resultar de uma mudança desfavorável nas condições de oferta e demanda, enquanto a vontade e a capacidade da firma de maximizar lucros não coincidem; mas tal deterioração poderia também refletir "perda de energia ou de aptidão para maximização", sem mudança nos fatores de oferta e procura. A última interpretação levantaria imediatamente a questão de como a empresa poderia restaurar sua aptidão para maximizar. Mas a interpretação mais comum é a primeira; e, nesse caso, é mais difícil haver modificações desfavoráveis nas condições de oferta e demanda. Em outras palavras, os economistas supõem que uma firma em regressão (ou que progride), assim o faz *"por uma boa razão"*; o conceito — básico neste livro — de uma falha casual, mais ou menos fácil de ser reparada, tem sido excluído de seus raciocínios.

A segunda causa do desinteresse dos economistas por essas falhas relaciona-se com a primeira. No modelo tradicional de economia de concorrência, a recuperação de qualquer falta não é realmente essencial. Quando uma firma perde terreno no esforço da competição, sua parte do mercado é absorvida e seus fatores empregados por outras, inclusive firmas que passam a operar no setor. Como resultado, o total de recursos talvez seja melhor distribuído. Diante disso, o economista pode acompanhar as falhas de qualquer um de *seus* pacientes (tais como firmas) com muito maior eqüidade que o moralista, convencido do valor intrínseco de cada um de *seus* pacientes (indivíduos), ou que o estudioso de política, cujo paciente (o estado) é único e insubstituível.

Uma vez estabelecido o desinteresse do economista, podemos questionar sua justificativa; pois a imagem da economia como sistema competitivo, onde alterações nas fortunas das empresas individuais são causadas exclusivamente por transferências de vantagens comparativas, é uma representação defeituosa do mundo real. Em primeiro lugar, existem os conhecidos e vastos domínios do monopólio, oligopólio e competição monopolística: o declínio do desempenho em firmas que operam nesse setor econômico poderia resultar em *núcleos* mais ou menos permanentes de ineficiência e negligência; obviamente, esse declínio deve ser visto com alarme semelhante ao do estudioso de ciências políticas que vê a integridade de seus princípios ameaçada por discórdia, corrupção ou tédio. Mas mesmo onde a extrema concorrência prevalece, o desinteresse pela possibilidade de revigorar firmas temporariamente suplantadas é dificilmente justificado. Justamente nos setores em que grande número de firmas concorre em condições similares, é bem provável que o empobrecimento de firmas individuais se deva a casualidades, fatores subjetivos remediáveis, como também a mudanças desfavoráveis em custo e demanda. Nessas circunstâncias, mecanismos de recuperação seriam muito úteis para evitar danos sociais e atribulações humanas.

A esta altura, pode-se afirmar que se dispõe de tal mecanismo de recuperação através da própria concorrência. Não se supõe que é a concorrência que mantém firme a empresa? E se a empresa já perdeu o equilíbrio, não é a experiência do declínio da renda e a ameaça de extinção devido à concorrência que farão com que seus dirigentes se esforcem, para que os bons resultados voltem a ser atingidos?

Não pode haver dúvidas de que a concorrência é o principal mecanismo de recuperação. No entanto, veremos[1] que as implicações dessa função em particular da concorrência não foram adequadamente estudadas e[2] que um mecanismo alternativo mais apropriado pode entrar em cena, quando não se dispõe do mecanismo competitivo ou para complementá-lo.

"Saída" e "Voz" entram em cena

O assunto a ser discutido tem início quando a firma começa a apresentar *outputs* * vendáveis aos clientes; mas veremos que ele será em grande escala — e, às vezes, principalmente — aplicável a organizações que fornecem serviços a seus membros sem contrapartida monetária direta (tais como associações beneficentes, sindicatos e partidos políticos). Supõe-se que o desempenho de uma firma ou organização está sujeito a deterioração por motivos eventuais, não tão permanentes nem tão decisivos que impossibilitem a volta da empresa aos níveis anteriores de desempenho, contanto que os empresários dirijam sua atenção e energia nesse sentido. Em geral, o declínio do desempenho se reflete tipicamente, tanto em firmas como em organizações, numa deterioração comparativa ou absoluta da qualidade do produto ou serviço oferecido[1].

Existem duas maneiras pelas quais a administração toma conhecimento de suas falhas:

1 — Alguns clientes param de comprar o produto da firma, ou alguns membros deixam a organização: é a *opção de saída*. Como resultado, a renda diminui, cai o número de sócios e a direção é obrigada a procurar uma forma de corrigir as causas dessa saída.

2 — Os clientes da firma ou os membros da organização expressam sua insatisfação diretamente à direção, a uma autoridade à qual a direção esteja subordinada, ou através de protestos gerais, dirigidos a quem estiver interessado em ouvi-los: é a *opção de voz*. Mais

(*) Produtos finais vendáveis. (N. da T.)

(1) Para companhias que operam em situação de monopólio ou concorrência monopolística, a deterioração do desempenho também pode se refletir em custo e portanto em aumento do preço. Por outro lado, modificações tanto no preço como na qualidade são eliminadas, quando rigidamente ditadas por um mercado em concorrência perfeita; nessa situação reconhecidamente irreal, a deterioração só pode se manifestar via aumento do custo, o que com preço e qualidade constantes, levará diretamente ao declínio da renda bruta. Assim, em condições de concorrência perfeita, a direção toma conhecimento de suas falhas direta e exclusivamente através da indicação financeira gerada dentro da firma, sem interferência dos clientes, que ficam totalmente alheios aos problemas da empresa. Talvez por não ter lugar no modelo de concorrência perfeita, os economistas não tenham dado muita atenção a toda esta série de fenômenos descrita.

uma vez, em conseqüência, a direção decide-se a identificar as causas e a procurar as possíveis soluções para a insatisfação dos clientes e sócios.

O restante desse livro, em grande parte, é dedicado à análise comparativa dessas duas opções e à sua inter--relação. Investigarei questões como:

Sob que condições a *opção de saída* prevalecerá sobre a *opção de voz* e vice-versa? Qual o rendimento comparativo das duas opções como mecanismos de recuperação? Em que situações as duas opções entram em jogo simultaneamente? Que instituições serviriam para aperfeiçoar cada uma das duas opções como mecanismos de recuperação? As instituições que aperfeiçoam a *opção de saída* são compatíveis com as destinadas a melhorar a *opção de voz?*

Amplitude da deterioração e Slack* no pensamento econômico

Antes de responder a algumas dessas perguntas farei uma pausa para indicar a relação do tema deste livro com o pensamento científico e sócio-econômico atual.

Conversando com estudantes que pesquisam o setor de comportamento animal (no Center for Advanced Study in the Behavioral Sciences) a respeito da organização social dos primatas, eu soube da eficiência e da sutileza com que a sucessão de liderança, problema tão difícil nas sociedades humanas, é tratada em certas tribos de macacos. O processo aqui descrito é de um grupo de macacos Hamadryas chefiados por um líder macho:

Machos adolescentes roubam fêmeas muito jovens de suas mães e lhes dedicam solicitude maternal. A jovem fêmea é rigorosamente treinada e controlada para não fugir... Neste estágio não há comportamento sexual, estando a fêmea ainda a dois ou três anos da maternidade. À medida que os jovens raptores amadurecem e que os antigos chefes envelhecem, o animal mais novo dá início a movimentos grupais, embora a direção dessas mudanças dependa do animal mais velho. Um relacionamento altamente complexo se desenvolve entre os dois animais que, respeitando-se mutuamente, governam o movimento do grupo. Os macacos mais velhos continuam assumindo a direção do grupo, mas gradualmente perdem o con-

(*) *Slack* — termo usado pelo autor, o qual significa a existência de fatores ociosos na economia (seja por descuido ou omissão). (N. da T.)

trole sexual de suas fêmeas para o animal macho mais jovem. Eventualmente, os machos velhos desistem inteiramente das funções de reprodução, mas continuam sendo de grande influência dentro do grupo e continuamente os jovens consultam-nos, principalmente antes de decidir a direção de uma marcha [2].

Compare-se esta fabulosa continuidade aos altos e baixos a que sempre estiveram sujeitas as sociedades humanas cada vez que um "bom" governo é seguido de um "mau" e que fracos, tolos e criminosos sucedem a líderes fortes, sábios e íntegros.

Os seres humanos não alcançaram uma organização social bem construída, que assegurasse continuidade e qualidade constante à liderança por falta de necessidade. A maioria das sociedades humanas é marcada pela existência de excedentes, ou seja, produção acima da necessária à subsistência. A contrapartida desse excedente é a capacidade da sociedade de comportar uma considerável parcela de deterioração. Um nível mais baixo de desempenho significaria um desastre para os macacos enquanto aos seres humanos causa apenas desconforto, pelo menos inicialmente.

A extensa amplitude de deterioração que têm as sociedades humanas é o preço inevitável de sua crescente produtividade e seu controle sobre o ambiente. Um declínio ocasional, assim como uma prolongada mediocridade — em relação aos níveis de desempenho atingíveis — devem ser contados entre as muitas penas do progresso. Portanto, *a priori,* pareceria fútil buscar arranjos sociais que eliminassem completamente a degeneração das normas de suas entidades constituintes. Devido ao excedente e à conseqüente amplitude, quaisquer controles homeostáticos com os quais as sociedades humanas pudessem equipar-se não passariam de projetos.

O reconhecimento dessa verdade desagradável tem sido evitado recorrendo-se a um sonho utópico: o progresso econômico, ao aumentar o excedente, trará também disciplina e medidas suficientemente severas para eliminar deslizes decorrentes, por exemplo, de processos políticos culpáveis. No século XVIII, a expansão do comércio e da indústria era aclamada não tanto pelo

(2) JOHN HURRELL CROOK, "The Socio-Ecology of Primates". Ed. por J. H. Crook, em *Social Behaviour in Animals and Man* (a ser publicado por Academic Press, Londres). A passagem citada resume a pesquisa de HANS KUMMER, Social Organization of Hamadryas Baboons, *Bibliotheca Primatologica,* n. 6 (Basle: S. Karger, 1968).

aumento de bem estar que tornaria possível, mas porque
traria grandes limitações à vontade dos reis e, portanto,
reduziria, ou talvez eliminaria, a amplitude de deterioração do sistema. Essa passagem característica do *Inquiry into Principles of Political Oeconomy* (1767) de
sir James Steuart é suficiente para demonstrar este argumento:

"Tão prejudiciais quanto possam ter sido antes (quando o
mecanismo do governo era mais simples que no momento
presente) os efeitos naturais e imediatos de revoluções políticas, eles agora se encontram tão restritos pelo complicado
sistema da economia moderna, que o mal que de outra forma
deles resultaria pode ser controlado com facilidade...
O poder de um príncipe moderno, mesmo sendo absoluto
pela constituição do seu reino, torna-se imediatamente limitado, quando ele estabelece o plano da economia... Se anteriormente sua autoridade se parecia com a força e a solidez
do machado (que pode ser usado indistintamente para partir
madeira, pedras, e outras substâncias duras; e que pode ser
deixado de lado e retomado depois, à vontade), ela agora lem-
bra a delicadeza de um relógio, que não serve a nenhum outro
objetivo que não seja marcar a progressão do tempo e que
é imediatamente destruído, quando submetido a outro uso ou
tocado por outra que não seja a mais delicada mão... a
economia moderna, portanto, é o mais efetivo freio que já
se inventou contra a loucura do despotismo [3]."

Essa nobre esperança ecoa duzentos anos mais tarde
nas obras de um intelectual sul-americano que igualmente prediz, contra todas as evidências, que o progresso econômico e a amplitude de deterioração serão
não positiva, mas negativamente correlatos:

["Na era precedente ao café, os políticos] são líricos e ro-
mânticos, porque ainda não se preocupam com um produto
cujo *output* cresce constantemente. É um tempo de infantilidade
e brincadeiras. O café trará maturidade e seriedade. Não per-
mitirá que os colombianos continuem brincando com a economia nacional. O absolutismo ideológico desaparecerá e desa-
pontará a época de moderação e sobriedade... O café é
incompatível com a anarquia [4]."

A história desapontou cruelmente as expectativas
tanto de sir James Steuart como de Nieto Arteta, de

(3) (Chicago: University of Chicago Press, 1966) I, 277, 278 — 279.
(4) Luis Eduardo NIETO ARTETA, *El cafe en la sociedad colombiana*
Bogotá: Breviários de Orientación Colombiana, 1958. págs. 34-35. Este
ensaio de publicação póstuma foi escrito em 1947, apenas um ano antes
do início das sanguinárias perturbações civis conhecidas como *la vio-
lencia*, assim como sir James Steuart escreveu sobre a definitiva con-
quista do despotismo não muito antes do aparecimento de Napoleão.

que o crescimento econômico e o progresso técnico levantariam muralhas seguras contra o "despotismo", a "anarquia" e o comportamento irresponsável em geral. Ainda assim, tal linha de pensamento não se extinguiu. Está, inclusive, relacionada com a crença, hoje generalizada, de que uma grande guerra é inimaginável e, portanto, impossível na era nuclear.

Daí se presume que: ao aumentar o excedente, o progresso técnico introduz também um mecanismo delicado e complexo, que torna certos tipos de mau comportamento social anteriormente desastrosos, porém toleráveis, em catástrofes tão visíveis que podem ser evitadas de forma mais segura que antes.

Como resultado, a sociedade ao mesmo tempo está e não está numa situação de excedentes: ela produz esse extra, mas não tem a liberdade de *não* produzi-lo ou de produzir menos do que é capaz; com efeito, o comportamento social está tão rigidamente determinado e reprimido quanto estaria numa situação de mera subsistência.

O economista não pode deixar de notar a semelhança da situação com o modelo de concorrência perfeita, pois o modelo contém o mesmo paradoxo básico: a sociedade como um todo produz um excedente confortável e progressivo, mas, vista isoladamente, cada firma individual mal se sustenta, de maneira que um único passo em falso pode ser fatal. Por isso todos estão constantemente dando tudo o que podem e a sociedade como um todo está operando na sempre em expansão "fronteira de produção", com os recursos econômicos úteis totalmente ocupados. Esta imagem de economia de *pleno emprego* tem tido um lugar privilegiado em análise econômica, mesmo quando a concorrência perfeita é considerada puramente teórica, e de pouco conteúdo real. Estas observações levam a uma síndrome, ou seja, à atitude ambivalente própria do homem em relação à sua capacidade de produzir excedente: ele gosta desse extra, mas tem medo de pagar seu preço. Ao mesmo tempo que não quer abrir mão do progresso, ele deseja as simples e rígidas limitações de comportamento que o governavam quando, como todas as criaturas, se encontrava totalmente absorvido pela necessidade de satisfazer seus instintos mais básicos. Quem sabe se não é esta vontade que serve de base ao mito do paraíso!

Parece plausível que a ascensão do homem acima da condição limitada de todas as outras criaturas vivas tenha sido muitas vezes vista, embora não admitida, como uma queda; e um ato da imaginação, radical, porém basicamente simples, talvez tenha transformado esta condição no seu oposto, o Jardim do Paraíso, o que realmente se desejava [5].

Mas vamos deixar o paraíso e voltar ao pensamento social, pois nossa estória continua. A simples idéia de que a capacidade de produção de excedentes torna possível e mesmo provável que ocasionalmente não se produza o máximo de excedentes possível, não passou desapercebida. Junto com o modelo tradicional de economia permanentemente em *pleno emprego,* começam a surgir elementos para teorizar a economia de *slack.* Não me refiro a desemprego ou depressão econômica. Associado com esses fenômenos, o *slack* é resultante de desempenho inadequado no setor macroeconômico, frustrando firmas e indivíduos na sua obsessão de maximizar lucros e satisfação. A questão do *slack* também não envolve a disputa do que as firmas realmente maximizam: lucros, crescimento, ações, confiança pública, ou funções compostas de tais objetivos. A hipótese base dessa disputa é: não importa o que as firmas fazem, fazem o melhor possível, mesmo considerando-se que o critério de "melhor" desempenho está se tornando cada vez mais obscuro. Finalmente, não me interessa a enorme quantidade de obras escritas para provar que produtores particulares e consumidores, maximizando conscientemente, não conseguem produzir um ideal *social* devido à existência de elementos monopolísticos e a motivos externos. A diferença entre produto real e potencial também não se deve a falhas microeconômicas. Mas, ultimamente, tem-se dado cada vez mais atenção à possibilidade de tais falhas.

(5) Samuel Johnson sugeriu esta idéia em sua fábula sobre o Vale Feliz da Abissínia. Quando o príncipe Rasselas analisa pela primeira vez o descontentamento que sente no Vale do Paraíso, ele compara sua situação com a de cabras que pastam, nos seguintes termos:
"Qual a diferença entre o homem e todo o resto da criação animal? Todo bicho que passa a meu lado tem as mesmas necessidades físicas que eu, tem fome e come a grama, tem sede e bebe a água do rio. A fome e a sede acalmadas, fica satisfeito e dorme; levanta outra vez, tem fome, come e descansa. Como ele, tenho fome e sede, mas quando passam, não tenho descanso; como a ele o desejo me atormenta, mas ao contrário dele, não me satisfaço com a satisfação do desejo."
(Samuel Johnson, RASSELAS, II).

Foi importante para esta área a sugestão de H. A. Simon: normalmente, as firmas estão mais preocupadas em atingir uma taxa de lucros "satisfatória" do que a mais alta taxa possível[6].

Em 1963, Richard Cyert e James March apoiaram esse conceito introduzindo em seu livro, *A Behavioral Theory of the Firm*[7], a noção de *slack organizacional*. Mais ou menos na mesma época, Gary Becker mostrou que alguns dos teoremas microeconômicos básicos, empiricamente bem testados, (por exemplo, que as curvas da demanda no mercado de bens pessoais são negativamente inclinadas) coincidem com grande irracionalidade e ineficiência no comportamento de consumidores e produtores, ainda que esses teoremas se tenham originado da noção de racionalidade irreversível[8].

A importância do *slack* foi mais tarde confirmada de forma global por Harvey Leibenstein[9]. Finalmente, num recente e polêmico ensaio, o professor M. M. Postan afirmou que se compreende melhor os problemas econômicos da Inglaterra tendo-se em vista o *slack* no nível microeconômico, em vez de falhas dos princípios macroeconômicos. Ele escreve:

"As causas de muitos (talvez da maioria) desses... problemas serão encontradas não nos processos vitais do corpo econômico, tais como a baixa taxa de poupança, o alto nível dos preços ou a insuficiente distribuição de recursos nacionais para pesquisa e desenvolvimento, mas em falhas específicas de suas células individuais — direção, projetos, vendas, ou no comportamento dos grupos de trabalho[10]."

Simpatizo com este conjunto de obras, pois adotei atitude semelhante ao tratar o problema do desenvolvimento. A proposta básica de *The Strategy of Economic*

(6) SIMON, H. A. A Behavioral Model of Rational Choice, *Quarterly Journal of Economics*, 69: 98-118 (1952). Uma obra empírica completamente esquecida tem o significativo título: "*The Triumph of Mediocrity in Business*". É de Horace Secrist e foi publicada em 1933 pelo Bureau of Business Research, da Northwestern University. O livro contém uma elaborada demonstração estatística de que após um período de tempo, firmas inicialmente bem sucedidas apresentarão, em média, deterioração; enquanto as que não se saem tão bem no início, terão melhoria.

(7) M. CYERT, Richard, e G. MARCH, James. *Behavioral Theory of the Firm* (Englewood Cliffs, N. J., Prentice Hall, Inc., 1963).

(8) S. BECKER, Gary Irrational Behavior and Economic Theory, *Journal of Political Economy*, 52: 1-13 (fevereiro de 1962).

(9) LEIBENSTEIN, Harvey Allocative Efficiency Versus X-Efficiency, *American Economic Review*, 56: 392-415 (junho de 1966).

(10) POSTAN, M. M. A Plague of Economists?, *Encounter*. (janeiro de 1968), pág. 44.

Development (1958) era: "o desenvolvimento não depende tanto de achar combinações ideais para os recursos e fatores de produção dados, quanto de trazer à tona e aplicar para fins econômicos, recursos e habilidades inexplorados, dispersos ou mal utilizados"[11]. O termo *slack* me veio à cabeça mais tarde, quando fiz um resumo do tema daquele livro num artigo em coautoria com C. E. Lindblom:

"Em qualquer espaço de tempo, os recursos de uma economia não devem ser considerados tão rigidamente fixos em quantidade, e mais recursos ou fatores de produção entrarão em cena se o desenvolvimento for marcado por desequilíbrios setoriais que incitem a iniciativa privada ou as autoridades públicas à ação... Aqui, a hipótese básica é a existência de certo grau de *slack* na economia; e, através de mecanismos de pressão, pode-se extrair dele investimento adicional, horas de trabalho, produtividade e tomada de decisão[12]."

Muitas razões têm sido usadas para explicar o *slack*. Leibenstein frisa as incertezas que envolvem a função de produção e a falta de mercado para técnicas empresariais e outras. Cyert e March, em princípio, apontam o processo de acordos existentes entre os vários partidos, cuja instável união é necessária para o emprego de fatores e para a produção e colocação de *outputs* no mercado. Da mesma forma, frisei a existência de obstáculos ao comportamento empresarial e cooperativo, requeridos para a tomada de decisões que visam ao desenvolvimento.

Há dois tipos de reação à descoberta de que os agentes econômicos individuais e, como resultado, a economia, estão longe de funcionar da melhor forma possível. A reação mais óbvia e imediata é a procura obsessiva de meios de controlar o *slack* e recuperar o ideal da economia de pleno emprego. Enquanto as pressões da concorrência não parecerem suficientes, a adversidade será dada como causa[13]. As freqüentes mudanças no ambiente, forçando a firma a "manter-se de pé", serão consideradas formas de levar o desempenho a apro-

(11) (New Haven: Yale University Press, 1958), p. 5.
(12) "Economic Development, Research and Development Policy Making: Some Converging Views", *Behavioral Science*, 7: 211-212 (abril de 1962).
(13) Ver LEIBENSTEIN, *Allocative Efficiency Versus X-Efficiency*.

ximar-se do potencial da empresa [14]. Em relação à inovação, têm-se sublinhado as virtudes das guerras e greves de induzir à ação [15]. Minha pesquisa concentrou-se em mecanismos de pressão tais como desequilíbrios "intersetoriais" e "intra-setoriais" e em processos de produção que não toleram desempenho pobre ou que lhe impingem severas penalidades [16]. Finalmente, aqueles que advogam a revolução social vêm contribuindo para essa linha de pensamento: por muito tempo, um de seus argumentos mais sedutores é o de que só as mudanças revolucionárias podem liberar as energias do povo, abundantes, porém reprimidas ou alienadas [17].

Ocorre uma reação bem diferente à descoberta do *slack* quando aquele que o identifica, após recuperar-se do choque inicial, se pergunta, se apesar de tudo, o *slack* não é um bom negócio, uma bênção disfarçada. Cyert e March propuseram que o *slack* preenche algumas funções importantes, permitindo às firmas uma saída, quando o mercado é desfavorável ou mesmo em outras ocasiões. Durante uma fase desfavorável, o *slack* age como reserva: os excessos de custo são cortados, inovações que já se encontravam ao alcance são afinal introduzidas, políticas de vendas esquecidas são retomadas com maior agressividade e, assim por diante. No sistema político, o *slack* tem sido racionalizado de maneira parecida. A descoberta de que, normalmente, os cidadãos não usam mais que uma fração de seus recursos políticos surpreendeu e desapontou os estudiosos de ciência políticas, sempre levados a crer que, para seu bom funcionamento, a democracia requer a maior participação possível de todos os cidadãos. Mas logo se notou que um grau de apatia tem certas vantagens compensatórias, contribuindo para a estabilidade e flexibilidade de um sistema político e provendo "reservas" de recursos políticos que podem ser jogados em cena, em situações de crise [18].

(14) P. Bonini, Charles. *Simulation of Information and Decisions Systems in the Firm* (não publicado, Carnegie Institute of Technology, 1962).
(15) Rosemberg, Nathan. "The Direction of Technological Change: Inducement Mechanisms and Focusing Devices", *Economic Development and Cultural Change*. 18 (outubro de 1969).
(16) Hirschman, *Strategy,* cap. 5-8.
(17) Ver, por exemplo, Paul Baran, *The Political Economy of Growth* (New York: Monthly Review Press, 1957).
(18) Ver p. 40-41, adiante.

Assim, a reação imediata à descoberta do *slack* ou é a confirmação da racionalidade de certo grau de *slack*, ou a procura de formas de eliminar seu excesso, através de forças exógenas como adversidade, desequilíbrio, revolução e assim por diante. Ambos os ângulos vêem o *slack* como um hiato de certa magnitude entre o desempenho potencial e real de indivíduos, firmas e organizações. Este livro se adianta ao reconhecer a importância e a difusão do *slack*. Nele não só se supõe a existência de certa quantidade de *slack* no mundo, mas também sua *contínua geração,* como conseqüência de uma espécie de entropia característica das sociedades humanas produtoras de excedentes. "A cada minuto nasce um autor de *slack*", poderia ser seu lema. Firmas e outras organizações estão permanentemente sujeitas ao declínio e à degeneração, isto é, a uma perda gradual de racionalidade, eficiência e energia capaz de produzir excedente, não importa quão bem planejada a estrutura institucional em que funcionam.

Este pessimismo radical, que considera a degeneração uma força sempre presente e constantemente em ataque, gera sua própria cura: pois enquanto a deterioração, apesar de sempre conspícua em algumas áreas não é a principal força determinante em todos os lugares e a toda hora, é provável que o próprio processo de declínio ative forças contrárias.

Saída e Voz como Representantes da Economia e da Política

Ao examinar a natureza e a força dessas formas endógenas de recuperação, nossa pesquisa se bifurca, como já foi explicado. Sua divisão em *saída* e *voz,* duas categorias contrastantes, porém não mutuamente exclusivas, seria suspeitosamente clara se não refletisse fielmente uma outra divisão mais importante: em economia e política. Saída pertence à primeira matéria e, voz, à segunda. O cliente que, insatisfeito com o produto de uma empresa, muda para o de outra, usa o mercado para defender seu bem-estar ou para melhorar sua situação; e assim, movimenta forças de mercado capazes de levar à recuperação da firma cuja performance entrou relativamente em declínio. É este o tipo de mecanismo da economia. É claro: ou há um afastamento, ou se continua comprando o produto da firma; é impessoal

— todo confronto entre cliente e firma, com suas conseqüências imponderáveis e imprevisíveis, é evitado, e o sucesso ou fracasso da organização é conhecido através de uma rede de estatísticas; e é indireto — qualquer recuperação de uma empresa em declínio é cortesia da *Mão Invisível,* fruto não intencionado da decisão de mudança do cliente. Nestes aspectos, voz é o oposto de saída. Seu conceito é muito mais "confuso", porque pode ser graduado desde tímidos murmúrios até violentos protestos; implica na articulação de opiniões críticas pessoais em vez de ser um voto particular, "secreto", no anonimato de um supermercado; e, finalmente, é direto e objetivo, ao invés de contornar a situação. Voz é ação política por excelência.

O economista tende a achar que seu mecanismo é muito mais sério e eficiente. Um bom exemplo deste preconceito é o famoso ensaio de Milton Friedman, que prega a introdução do mecanismo de mercado no ensino público. A proposta básica de Friedman é a distribuição de certificados especiais aos pais de crianças em idade escolar; com estes certificados, eles comprariam serviços educacionais supridos pela iniciativa privada em concorrência. Para justificar seu projeto, Friedman diz:

"Os pais poderiam expressar sua opinião a respeito das escolas muito mais *diretamente* do que é possível agora, ao tirar seus filhos de um colégio e matriculá-los em outro. Normalmente, só podem fazê-lo mudando o local de residência. *De resto, eles só podem exprimir seus pontos de vista através de canais políticos tortuosos*[19]."

Não estou interessado em discutir aqui os méritos da proposta de Friedman[20]. Cito a passagem acima como um exemplo quase perfeito da tendência do economista a favor da saída e contra a voz. Em primeiro lugar, Friedman chama a saída de maneira "direta" de se exprimirem as opiniões desfavoráveis a respeito de uma organização. Uma pessoa menos treinada em economia diria ingenuamente que a forma direta de se exprimi-

---

(19) "The Role of Government in Education", edição de Robert A. Solo, *Economics and the Public Interest.* New Brunswick, N. J., Rutgers University Press, 1955, pág. 129. Uma revisão desse ensaio foi incluída em *Capitalism and Freedom,* de Friedman (Chicago: University of Chicago Press, 1962) como capítulo 6 e a passagem acima aparece sem modificações na pág. 91. Os itálicos são de minha autoria.
(20) Para uma boa discussão, ver Henry M. Levin, "The Failure of the Public Schools and the Free Market Remedy", *The Urban Review,* 2: 32-37 (junho de 1968).

rem idéias é expressá-las! Em segundo lugar, a decisão de voz é desprezada por Friedman quando a considera um apelo a "tortuosos canais políticos". Mas o que é o processo político e a própria democracia senão a formação, o uso e a lenta melhoria destes próprios canais? Em toda a gama de instituições humanas, do estado à família, a voz, mesmo "tortuosa", é tudo de que os membros dispõem. Não é à toa que o grande esforço no sentido de melhorar as escolas públicas, nas metrópoles, é fazê-las corresponder aos interesses de seus membros: tem-se pregado e usado a descentralização como meio de tornar os canais de comunicação entre os membros e a diretoria cada vez menos "tortuosos".

Mas o economista não está de modo algum sozinho na sua cegueira, na "sua incapacidade cultivada" (como a denominou Veblen) para perceber a utilidade de um dos dois mecanismos. É certo que, no campo político, a saída tem sido muito mais negligenciada do que a voz, no setor econômico. Muito pior que ser chamada de inefetiva ou "tortuosa", a saída foi, muitas vezes, considerada *criminosa* por rotular deserção, fracasso e traição.

Está claro que paixões e preconceitos devem ser reduzidos de ambas as partes, para se poder observar como mecanismos característicos de mercado e mecanismos "não de mercado" funcionam lado a lado, ou em harmonia e apoio mútuo, ou atrapalhando-se reciprocamente.

Um estudo aprofundado deste jogo entre forças de mercado e forças políticas revelará a utilidade de certos instrumentos de análise econômica para a compreensão de fenômenos políticos *e vice-versa*. Ainda mais importante é que a análise deste jogo levará a um entendimento mais completo dos processos sociais do que seria possível através de análise política ou econômica, isoladamente. A partir daí, este livro pode ser visto como a aplicação de um novo argumento que serviu de base ao *Strategy of Economic Development*:

"A tradição parece requerer que economistas discutam eternamente a questão de, se numa situação de desequilíbrio, *as forças de mercado atuantes, por si sós,* têm condições de restaurar o equilíbrio. Sem dúvida, esta é uma questão interessante. Mas, como cientistas sociais, devemos ir mais longe: é possível a correção desse desequilíbrio, seja através de forças de mercado, seja de forças não de mercado ou das duas em conjunto? *Nossa opinião é que as forças ditas não de mercado não são necessariamente menos "automáticas" que as de mercado*[21]*."*

Aqui me ocupei dos distúrbios do equilíbrio e de sua restauração. Kenneth Arrow discute mudanças dos estados abaixo do ponto ótimo para o ponto ótimo em linhas similares:

"Proponho que quando o mercado não atinge um ponto ótimo, a sociedade perceberá a falha, pelo menos até certo ponto, e aparecerão instituições sociais "não de mercado" para controlá-la... este processo não é necessariamente consciente [22]."

Isto não quer dizer que como tanto Arrow quanto eu nos apressamos a acrescentar, que qualquer desequilíbrio ou estado abaixo do ponto ótimo será eliminado pela combinação das forças de mercado com as outras. Também não se exclui a possibilidade de as duas correntes de forças trabalharem em sentidos contrários. Mas admite-se a viabilidade de conjunção — talvez inadequada — dessas duas forças, quando tanto as doutrinas intervencionistas quanto o *laissez-faire* as viram de forma estritamente maniqueísta, bem entendido que as forças do bem para o *laissez-faire* são as más para o intervencionismo e vice-versa.

Um último ponto. Saída e voz, isto é, forças de mercado e forças que não são de mercado, ou mecanismos econômicos e mecanismos políticos, foram introduzidas como dois agentes principais de igual importância. Desenvolvendo meus princípios a partir dessa base, espero mostrar a cientistas políticos a utilidade de conceitos econômicos e *a economistas, a utilidade de conceitos políticos*. Essa reciprocidade tem faltado a trabalhos recentes que misturam essas duas disciplinas, tendo economistas afirmado que conceitos desenvolvidos com o objetivo de analisar os fenômenos de escassez e alocação de recursos podem ser usados com sucesso para explicar fenômenos políticos tão diversos como: poder, democracia e nacionalismo. Eles assim conseguiram ocupar grande porção da disciplina vizinha, enquanto estudiosos de ciências políticas — cujo complexo de inferioridade *vis-à-vis* o economista, rico em instru-

(21) HIRSCHMAN, *Strategy*, p. 63. A frase é grifada no original.
(22) "Uncertainty and the Welfare Economics of Medical Care", *American Economic Review*, 53: 947 (dezembro de 1963).

mentos, só é igual ao do economista *vis-à-vis* o físico
— mostraram-se ansiosos a serem colonizados e freqüentemente se aliam aos invasores. Será preciso um economista para despertar identidade e orgulho entre nossos oprimidos colegas e para dar-lhes confiança não só da *grandeur** mas também do *rayonnement*** de seus conceitos? É bom pensar que este poderia ser um fruto do presente ensaio.

(*) Em francês no original. (N. da T.)
(**) Em francês no original. (N. da T.)

2
A SAÍDA

A facilidade e a freqüência com que os consumidores usam a opção de saída são características da concorrência "normal" (imperfeita), onde a firma tem concorrentes, mas tem suficiente influência para ditar tanto o nível de preços como o de qualidade. Como já foi mencionado, muitos acreditam que a opção de saída tem poderes excepcionais: espera-se que, ao infligir prejuízos à direção mal sucedida, a saída leve à "maravilhosa concentração mental", semelhante à que Samuel Johnson atribuiu à idéia de ser enforcado.

Mesmo assim, não se tem dado muita atenção ao *modus operandi* exato da opção de saída, a julgar pela pesquisa determinada, porém, inevitavelmente fragmentária, na vasta literatura sobre concorrência [1]. Grande parte dos autores contenta-se com referências gerais a suas "pressões" e "disciplinas".

No que diz respeito à literatura apologética, é surpreendente a omissão do que pode ser considerado uma das principais virtudes do "sistema de livre iniciativa"; mas alguns motivos dessa negligência já foram apresentados. Aqueles que exaltam as qualidades estimulantes da concorrência estão prontos a concordar com a impossibilidade de, mesmo por um só momento, o sistema funcionar com todos os seus recursos em pleno emprego; caso isso aconteça em alguma firma, pode-se *ipso facto* considerá-la fatalmente doente e prestes a deixar o palco a algum novo concorrente, à espreita nos camarotes. Esta "visão da economia americana... como um processo biológico no qual os velhos e senis são continuamente substituídos pelos jovens e vigorosos", como diz Galbraith ironicamente [2], impede que se veja como a concorrência ajuda a curar falhas temporárias e remediáveis, cuja importância é aqui frisada. Os defensores da concorrência, ansiosos por argumentos em prol de seu sistema, parece ter esquecido um dos pontos mais substanciais a seu favor.

Por outro lado, a literatura econômica técnica tem se interessado em discutir, dentro de uma estrutura estática, as condições nas quais as formas de mercado em concorrência resultam ou não numa distribuição eficiente de recursos. Um aspecto não estático da concorrência também amplamente examinado, embora não conclusivamente, é a sua capacidade de gerar inovação e crescimento. Mas tanto quanto me foi possível confirmar, nenhum estudo, sistemático ou casual, empírico ou teórico, foi feito a respeito da capacidade que tem a concorrência de fazer as empresas retornarem à "normalidade", no sentido de eficiência, *performance* e padrões de crescimento [3].

(1) Realizada por DAVID S. FRENCH.
(2) KENNETH GALBRAITH, John. *American Capitalism: The Concept of Countervailing Power*. Boston, Houghton Mifflin Co., 1956, pág. 36.
(3) John Maurice Clark, profundo conhecedor das múltiplas funções atribuídas à concorrência, diz que "é também desejável que a concorrência mantenha as firmas vigilantes de modo a eliminarem ineficiências no processo ou no produto antes que os prejuízos afetem seus

Como funciona a opção de saída

Os conceitos necessários a essa pesquisa são específicos. O primeiro é uma variante da função de demanda, com uma diferença: a quantidade comprada dependerá de modificações da qualidade, mais do que do preço. Assim como se assume normalmente que a qualidade é mantida quando se consideram os efeitos das mudanças do preço na procura, convém assumir agora que o preço não muda quando a qualidade cai. Os custos também permanecem constantes pois, por definição, o declínio da qualidade resulta de eventual falha de eficiência, e não de atentado proposital da parte da firma de reduzir os custos, ao piorar a qualidade. Nessas condições, *qualquer* saída resultante do declínio da qualidade levará à queda da renda; e, naturalmente, quanto mais volumosa a saída, maiores as perdas que se seguem ao declínio da qualidade.

Apesar de um aumento do preço poder resultar num aumento da renda total da firma, mesmo que haja alguma saída, a renda ficará, na melhor das hipóteses, estável, e declinará normalmente, à medida que a qualidade cai [4].

Em segundo lugar, existe uma função de reação da direção, que relaciona melhoria de qualidade com prejuízo nas vendas — ao verificar a saída dos clientes, a direção se propõe a reparar seus erros. Talvez a ma-

recursos, dificultando ou impossibilitando a reabilitação". *Competition as a Dynamic Process* (Washington: Brookings Intitution, 1961), pág. 81. No capítulo 4, "O que queremos que a concorrência faça por nós?", Clark discorre sobre as dez mais importantes funções da concorrência. É estranho não estar entre elas a salvação das firmas decadentes; a frase citada encontra-se quase como uma conclusão, no fim da seção intitulada "Eliminação de elementos ineficientes", que trata, principalmente, "dos serviços desagradáveis exigidos da concorrência", provendo a liquidação das firmas em deterioração, ao invés de sua recuperação.

(4) A reação da demanda e da renda a mudanças na qualidade pode ser representada graficamente por uma curva de procura tradicional (negativamente inclinada), se no diagrama comum, a ordenada medir deterioração da qualidade, em vez de aumento no preço. Isso foi feito no Apêndice A, figura 2, que mostra também, na parte inferior, o efeito do declínio da qualidade na renda. Este diagrama torna claro que uma baixa na procura, causada por declínio da qualidade, é muito mais simples — e traz mais prejuízo — que a causada por aumento de preços. No primeiro caso, a renda total cai sempre que a elasticidade-qualidade da procura for maior que zero, enquanto que no caso de aumento dos preços, a renda total diminui somente se a elasticidade-preço for maior que a unidade. (A elasticidade unitária da demanda não tem um significado preciso no caso de elasticidade-qualidade. Quando o conceito de "elasticidade-qualidade da procura" é considerado análogo ao de elasticidade-preço, duas escalas diferentes — uma medida de qualidade, e dinheiro — são divididas uma pela outra. Assim, qualquer outra medida numérica diferente de zero e de infinito é resultado de arbitrariedade nas escalas).

neira mais fácil de visualizar tal relação seja considerá-la uma função de três valores descontínuos. Não há reação quando a queda da renda é pequena; total recuperação segue uma queda de tamanho razoável; e, mais uma vez, se o declínio da renda exceder de certa percentagem o volume normal de vendas, não há recuperação — depois de certo ponto, as perdas enfraquecerão tanto a firma, que ela falirá antes que se possam sentir os efeitos de qualquer medida de recuperação [5].

Pode-se agora descrever a interação das funções de saída e de reação. Se o declínio da qualidade é inevitável, é preferível que seja de porte passível de recuperação. Evidentemente, se a demanda é altamente inelástica no que se refere a mudanças da qualidade, a queda da renda será pequena e a firma não chegará a perceber que algo está errado. Mas se a procura for muito elástica, também não haverá processo de recuperação, pois a empresa será eliminada antes de ter tempo de saber o que aconteceu, quanto mais de agir. Nesse caso, acontece "muita coisa de uma vez só". Para que o potencial de recuperação da empresa entre em cena, é desejável que a elasticidade-qualidade da demanda não seja nem muito grande nem muito pequena. Essa proposição, intuitivamente evidente, pode também ser formulada nos seguintes termos: para que a concorrência — (saída) — funcione como mecanismo de recuperação das falhas de desempenho, é preferível que a firma tenha uma mistura de clientes *alertas* e clientes *inertes*. Os clientes alertas proporcionam à empresa um mecanismo reversivo, que ativa o processo de reabilitação, ao passo que os inertes provêm o conforto do tempo e do dólar, necessário para que o processo tenha resultado. Segundo conceitos tradicionais, quanto mais alertas forem os clientes, melhor o funcionamento do mercado em concorrência. Considerar a concorrência um mecanismo de recuperação revela que, embora a saída de alguns clientes seja necessária à introdução do

(5) A curva de reação não é contínua: a ação remediadora seria pequena no caso de perdas pequenas e aumentaria para entrar em declínio logo em seguida. Inclusive é possível que, em conseqüência da reação, a firma produza qualidade superior à inicial — a esta altura, poder-se-ia falar de "deterioração ótima" da qualidade. A partir de certo volume de prejuízos nas vendas, a reação se transformaria em reforço, quando a desmoralização e outras conseqüências da tensão financeira fossem ocasionando a deterioração da qualidade, apressando assim o declínio da empresa. Tal forma da função de reação não modifica os pontos a serem feitos no texto.

mecanismo, é importante que outros clientes não percebam ou não se incomodem com o declínio da qualidade: se todos fossem leitores assíduos do *Consumer Reports* * ou determinados em comparar preços, haveria uma instabilidade desastrosa e as firmas perderiam a chance de se recuperarem das falhas ocasionais.

Como já foi dito, em concorrência perfeita, (que inclui em seu rol de teorias o perfeito conhecimento do mercado da parte do consumidor), a firma não está desprovida de mecanismos de correção efetivos, pois a deterioração da *performance*, incapaz de afetar o preço ou a qualidade, reflete-se diretamente no declínio da renda (devido a custos mais altos). Mas supondo-se um ligeiro distanciamento do modelo de concorrência perfeita, de forma que a firma tenha certa liberdade para variar a qualidade, o desempenho fraco pode (e é provável que o faça) tomar a forma de declínio da qualidade e, se o mercado onde a empresa vende, funciona em plena concorrência, isto é, está cheio de compradores informados, a firma brevemente deixará de existir. Em outras palavras, enquanto o mundo da concorrência perfeita é plausível do ponto de vista de um mecanismo de recuperação efetivo, o mundo da concorrência quase perfeita não o é. Ao deixar-se de lado o conceito de uma firma sem qualquer possibilidade de interferência na qualidade, como se é obrigado a fazer na maior parte dos casos, o arranjo ideal não está tão perto da concorrência perfeita, quanto é possível, pelo contrário, está bem longe dela; e mudanças incrementais em direção à concorrência perfeita não significam necessariamente melhoria.

O aspecto conspiratório da concorrência

Não importa qual seja a elasticidade-qualidade da demanda, a saída pode não causar declínio da renda numa firma individual, *se ela adquirir novos clientes conforme for perdendo os velhos*. Mas como conseguiria uma firma, cujo *output* perde qualidade, atrair novos clientes? Pode-se imaginar uma situação, onde esse evento, aparentemente improvável, venha a acontecer: quando há um declínio uniforme da qualidade em

(*) Revista do Consumidor. (N. da T.)

todas as firmas de uma indústria, simultaneamente, cada firma acolhe alguns dos clientes reclamadores das outras firmas, enquanto perde outros para seus concorrentes. Nessas circunstâncias, a opção de saída é impotente no que diz respeito a alertar a direção de falhas e a consolidação de todas as firmas pareceria ser a solução — isto é, o monopólio substituiria a concorrência com vantagem, pois assim, a insatisfação do consumidor seria expressa diretamente e talvez suas tentativas de melhorar a direção do monopólio tivessem resultado, enquanto em concorrência, a insatisfação toma a forma de vaivéns inefetivos dos consumidores, de uma firma em processo de deterioração para outra, sem que nenhuma delas perceba que algo não vai bem.

Enquanto é difícil haver deterioração simultânea e uniforme das firmas num dado ramo de negócios, uma pequena modificação dará maior realismo à situação anterior. Só através do uso é que se descobre as falhas e efeitos secundários perniciosos de um novo produto em concorrência. Assim, as alegações dos vários produtores concorrentes farão os consumidores passar por uma longa fase de experimentação de uma marca ou de outra, todas elas defeituosas, atrasando as pressões que levariam os produtores a melhorar seu produto. Nessa situação, a concorrência é conveniente para o produtor, evitando reclamações e concentrando as energias do consumidor na busca inútil de um produto melhor. Em tais circunstâncias, os produtores têm um interesse comum em manter a concorrência no lugar de diminuí-la — e é possível que tomem atitudes conspiratórias para esse fim [6].

O assunto até aqui apresentado mantém que os aspectos insatisfatórios dos produtos concorrentes seriam eliminados como resultado de pressões e da busca de solução que as seguem. Mesmo deixando de lado esta hipótese, a solução da concorrência pode não ser tão boa quanto a de uma única firma produtora. Isso porque a existência de certo número de empresas concorrentes permite a eterna ilusão da "grama sempre mais verde do outro lado da cerca", isto é, da possibilidade

---

(6) Isto se torna ainda mais evidente se os que mais trazem problemas aos produtores, quando não há oportunidade de saída, são aqueles determinados em comparar preços. O mecanismo competitivo, então, livra a direção de seus clientes potencialmente mais problemáticos. Este ponto será melhor explicado a seguir.

de escapar do produto insatisfatório comprando o do concorrente. Em monopólio, os consumidores aprenderiam a viver com a inevitável imperfeição e procurariam a satisfação de outra forma, ao invés de buscar freneticamente o inexistente produto "melhor".

O leitor pode verificar por si mesmo se elementos das situações acima podem ou não ser detectados em nossa vida econômica e comercial [7]. São interessantes, porém, alguns comentários sobre a importância dos conceitos precedentes em organizações distintas de empresas. O principal é que a concorrência pode resultar meramente num seduzir clientes de uns e de outros da parte de um grupo de firmas concorrentes; desta forma, a concorrência e a existência de vários produtos substitutos são inúteis e dispersivas, principalmente porque, na sua ausência, os clientes poderiam ou pressionar efetivamente a direção, no sentido de melhorar os produtos, ou deixar de gastar suas energias na procura fútil do produto "ideal".

Logo se verá que o sistema político competitivo tem sido freqüentemente retratado nestes mesmos termos. Críticos radicais de sociedades com sistemas de partidos estáveis acusaram, muitas vezes, a concorrência dos partidos dominantes por não oferecer uma "escolha real". Claro que é questão aberta se na ausência do sistema de partidos concorrentes, os cidadãos teriam maiores possibilidades de conseguir mudanças políticas e sociais fundamentais (assumindo-se, em função do argumento, que tais mudanças sejam desejadas). Contudo, a crítica radical está certa ao apontar a capacidade dos sistemas políticos concorrentes de transformar um terreno, de outra forma revolucionária, em manso

---

(7) Para ajudar esta verificação, eu gostaria de mostrar, como exemplo, trechos de cartas recentemente escritas por revoltados proprietários de "abacaxis": (a) à companhia Ford Motor — "... Esteja certo de que eu não comprarei nenhum outro Ford, não importa o que diga a sua carta..." "... Não é necessário dizer que meu Falcon é o último produto Ford que compro. Sou uma jovem de 25 anos, razoavelmente atraente, e arrasei minha conta bancária comprando transmissões para o Falcon, quando existem tantas outras coisas nesse mundo nas quais o dinheiro pode ser muito melhor aplicado..."; e (b) à corporação General Motors: "... Temos em casa um ônibus e uma perua Chevrolet. Esteja certo de que após tanto problema e inconveniência e perda de tempo jamais serei dona de produtos General Motors outra vez..." "Tenho um carro e uma camioneta da General Motors há muitos anos, mas, agora, talvez a Ford tenha uma idéia melhor. Vou tentar me virar com esse "abacaxi" até que saiam os modelos de 70, mas tenha certeza de que não haverá nenhum outro produto G. M. de qualquer tipo no meu caminho..." Os autores destas cartas enviaram cópias a Ralph Nader que, generosamente, as pôs à minha disposição.

descontentamento com o partido no poder. Embora essa capacidade talvez seja uma qualidade, pode-se facilmente pensar em situações onde ela seria prejudicial.

A história dos sindicatos neste país fornece um exemplo menos especulativo do assunto em questão. Um passo preliminar para a união CIO-AFL de 1955 foi o acordo de "Não Agressão", entre as duas organizações dois anos antes. O texto deste tratado referia-se a um estudo estatístico de todas as reivindicações dos sindicatos CIO-AFL ao National Labor Relations Board*, durante um período de dois anos, pedindo reconhecimento como agentes oficiais em complexos industriais. A maioria das reivindicações não foi correspondida e as concedidas dividiam-se mais ou menos igualmente entre em pedidos da CIO para desalojar um sindicato da AFL e pedidos da AFL para desalojar um sindicato da CIO. De acordo com o relatório, estes resultados "levam à conclusão de que a agressão entre sindicatos da AFL e CIO destroem os melhores interesses dos sindicatos imediatamente envolvidos e também, todo o movimento dos sindicatos"[8]. Justificando esta conclusão, o documento cita perturbações e desunião entre os trabalhadores, em conseqüência da agressão, tenha ela obtido sucesso ou não, e a vontade de dedicar a força dos movimentos sindicais à organização dos trabalhadores não filiados, em vez de a agressões. Está implícito na conclusão que, neste caso, as desvantagens da saída-concorrência superaram suas possíveis vantagens de induzir à eficiência e *talvez* a hipótese de essas vantagens serem asseguradas através do mecanismo alternativo — voz — que deva agora ser examinado mais profundamente.

---

(8) American Federation of Labor and Congress of Industrial Organizations, *Constitution of the AFL-CIO* (Washington, D. C., janeiro de 1956), publicação n.º 2 da AFL-CIO, pág. 36. Agradeço a John Dunlop as referências e discussões sobre o assunto.

(*) Nos Estados Unidos, o que equivale ao nosso Ministério do Trabalho. (N. da T.)

3
A VOZ

Mesmo que os economistas não tenham examinado em detalhes a opção de saída, sua existência e seu efeito na *performance* — em geral, dito salutar — ela, sem dúvida, comporta muitas idéias e atitudes referentes a instituições econômicas. Não se pode dizer o mesmo a respeito da opção de voz. A própria idéia de outro "mecanismo de recuperação", capaz de entrar em cena junto com ou no lugar da saída, é vista com uma mistura de incredulidade e assombro. Ainda assim numa época de protesto, é evidente que clientes insatisfeitos (ou membros de uma organização), em vez de apenas valerem-se da concorrência, podem "fazer um barulho" e assim forçar a direção ineficiente a melhorar o produto ou serviço. Portanto, é interessante e oportuno examinar as condições nas quais a opção de voz é capaz de funcionar efetivamente, como complemento da saída ou para substituí-la.

Para o cliente ou sócio, a escolha da voz, mais do que a de saída, é uma tentativa de mudar os hábitos, a política e os *outputs* da firma da qual compra ou da organização a que pertence. A voz é aqui definida como qualquer tentativa de modificação, em vez de fuga, de um estado ao qual se pode fazer objeções, através de petições individuais ou coletivas à administração diretamente responsável, apelos a autoridades superiores, com a intenção de pressionar a direção ou, vários tipos de ação e protesto, inclusive os destinados a mobilizar a opinião pública.

Como mostramos no capítulo introdutório, fica claro que a voz não é mais que uma parte e uma função básica de qualquer sistema político, às vezes também conhecida como "articulação de interesse[1]". Os estudiosos de ciências políticas trabalharam sistematicamente muito tempo com essa função e suas várias manifestações. Mas, limitaram sua atenção a situações onde a única alternativa à articulação é resignação ou indiferença (ao invés de saída), enquanto os economistas se recusam a considerar que o consumidor descontente não é necessariamente um fiel estúpido ou um traidor descarado (com respeito à firma com a qual estava relacionado). Este livro é especial por afirmar que, muitas vezes, a escolha está entre articulação e "deserção" — voz e saída — em nossa terminologia neutra.

Antes de tudo, alguns comentários sobre o funcionamento da voz isoladamente, comparado ao de saída. Como anteriormente, a hipótese inicial é o declínio da *performance* de uma firma ou organização, remediável, se a direção concentrar seu cuidado nesse sentido. Se as condições forem tais que o declínio leve os membros-consumidores à voz, em vez de à saída, a efetividade da voz aumentará, (até certo ponto), conforme seu volume. Mas, como a saída, a voz pode ser exagerada:

---

(1) G. A. ALMOND e G. B. POWELL JR. usaram uma perspectiva semelhante em *Comparative Politics: a Developmental Approach*. Boston: Little, Brown and Co., 1966. cap. 4.

os membros ou clientes podem tornar-se tão insistentes e incômodos, que a certa altura, seus protestos impedirão em vez de ajudar, quaisquer que sejam os esforços de recuperação. Isto é difícil de acontecer nas relações entre clientes e empresas; mas no setor político — o mais característico domínio da voz — não se exclui a possibilidade de dividendos negativos a seu uso.

Entre economia e saída, de um lado, e política e voz, do outro, aparece um interessante paralelo. Assim como em economia sempre se imaginou que quanto mais elástica é a demanda (ou seja, quanto mais rápida mais a saída, quando ocorre a deterioração), melhor o funcionamento do sistema econômico, também é artigo de fé da teoria política que o funcionamento adequado da democracia requer um povo alerta, ativo, que faça o máximo uso da voz. Nos Estados Unidos, estudos empíricos do comportamento político e de votação, demonstrando a existência de considerável apatia política em grande parte do povo por longos espaços de tempo, abalaram esta crença[2].

Uma vez que, apesar da apatia, o sistema democrático sobrevive muito bem, está claro que a relação entre atividade política e estabilidade democrática é muito mais complexa do que se imaginava. Como no caso da saída, uma mistura de cidadãos alertas e cidadãos inertes, ou mesmo uma alternação de envolvimento e indiferença, talvez sirva melhor à democracia do que total e permanente interesse, ou apatia. Robert Dahl frisa um motivo para isso: é o fato de, comumente não usando seus recursos políticos ao máximo, os cidadãos terem possibilidades de reagir com vigor inesperado — utilizando reservas de influência e poder políticos — quando seus interesses vitais são diretamente ameaçados[3].

Segundo outra linha de pensamento, o sistema político democrático requer uma "mistura de contradições aparentes": por um lado, o cidadão deve expressar seus pontos de vista de forma que a elite política tome conhecimento deles e possa corresponder a seus desejos,

---

(2) Dados e fontes principais: ROBERT A. DAHL, *Modern Political Analysis*. Englewood Cliffs, N. J.: Prentice Hall Inc., 1966. cap. 6.
(3) A. DAHL, Robert. *Who Governs?* New Haven, Yale University Press, 1961., págs. 309-310. CYERT e MARCH têm uma opinião parecida a respeito das vantagens do "slack organizacional" no sistema econômico. Ver: *The Behavioral Theory of the Firm*. Englewood Cliffs, N. J. Prentice Hall, Inc., 1963. págs. 36-38.

mas, por outro lado, essa elite deve ter o direito de tomar decisões. Portanto, o cidadão deve usar de influência e indiferença alternadamente [4].

A base dessa tese se parece com o argumento acima sobre a necessidade de limites que envolve a saída. A voz tem a função de alertar a firma ou organização de suas falhas, mas precisa dar à direção, nova ou antiga, tempo para reagir às pressões que lhe faz.

Finalmente, a relação entre voz e retomada da eficiência de uma organização é muito semelhante ao *modus operandi* da saída. Isso não quer dizer, contudo, que ambas, voz e saída, sempre terão inicialmente efeitos positivos, e destrutivos num estágio posterior. No caso particular de qualquer firma ou organização em deterioração, ou a voz ou a saída terá o papel de modo de reação principal. Então, o modo de reação secundário aparecerá em volume tão limitado que não chegará a ser destrutivo, pela simples razão de que, se a deterioração continuar, a tarefa de destruição será realizada unicamente pelo modo de reação principal. No caso de empresas em concorrência normal, por exemplo, a saída é claramente a principal reação à deterioração, e a voz, um mecanismo muito subdesenvolvido; é difícil conceber uma situação onde ela seja exagerada.

Voz como "sobra" da saída

Quando a opção de saída não está ao alcance, a opção de voz é a única maneira de reagir que têm os membros e clientes insatisfeitos. É o que acontece nas organizações sociais básicas, como a família, o Estado ou a Igreja. Na esfera econômica, a idéia teórica de monopólio puro refletiria uma situação sem saída, mas uma mistura de elementos monopolísticos e competitivos, característica à maior parte das situações de mercado, torna possível observar a opção de voz em interação com a opção de saída.

Voltamos à simples relação entre a deterioração de um produto e o declínio das vendas, mas observe-se agora os que continuam clientes. Enquanto não se dis-

(4) A. ALMOND, Gabriel & VERBA, Sidney. *The Civic Culture: Political Attitudes and Democracy in Five Nations*. Boston. Little, Brown & Co., 1965. págs. 338-344. ROBERT LANE exprime um raciocínio semelhante dizendo que "designando-se papéis políticos diferentes a pessoas politicamente ativas e a indiferentes, o equilíbrio entre eles pode trazer resultados benéficos". *Political Life*. New York, Free Press of Glencoe, Inc. 1959, pág. 345.

põem a deixar a firma, passarão por diferentes graus de insatisfação com a queda da qualidade. Supondo-se que esses clientes que não usaram a saída têm capacidade de expressar seu descontentamento, são eles a origem da opção de voz. A outra determinante da voz é, naturalmente, o grau de descontentamento daquele que permanece cliente, o que, aproximadamente, depende do nível da deterioração.

Num primeiro contato, então, a voz pode ser vista como "sobra". Quem não usa a saída é candidato à voz e, a voz, como a saída, depende da elasticidade-qualidade da demanda. O sentido da relação, porém, é inverso: dado um potencial de articulação, o volume real da voz se alimenta da demanda inelástica, ou da falta de oportunidade de saída [5].

Dessa forma, o volume da voz aumentaria conforme diminuíssem as oportunidades de saída, até o ponto onde, a saída completamente impraticável, cabe à voz toda a responsabilidade de alertar a direção sobre suas falhas. As reclamações a respeito de qualidade e serviço publicadas, durante anos, pela imprensa soviética ilustram essa relação de extremos entre a voz e a saída. A concorrência representando um papel bem menor na economia soviética que nas economias de mercado do Ocidente, tornou necessário dar à voz um papel mais saliente.

Da mesma maneira, a voz é dominante em países menos desenvolvidos, onde, diferentemente das economias avançadas, não se pode escolher muitos bens, muitas variedades da mesma mercadoria, nem muitas maneiras de se viajar de um ponto a outro do país. Por isso, nesses países, a atmosfera é mais carregada de altos protestos, freqüentemente de teor político, contra a baixa qualidade de mercadorias ou serviços, do que nos países desenvolvidos, onde é mais comum que a insatisfação tome a forma de saída silenciosa.

Voltando-nos agora à função de reação, isto é, ao efeito da voz na recuperação de eficiência pela direção por ela afetada, assumiremos que a saída é o modo dominante de reação. Numa avaliação inicial do efeito conjunto da voz e da saída, pode-se excluir a possibilidade de um efeito destrutivo da voz. É claro que

---

(5) A relação entre os volumes de saída e de voz aqui indicada é demonstrada em termos mais formais no Apêndice A.

não é fácil que prejuízos nas vendas, reclamações e protestos dos que continuam membros se aliem para derivar um efeito *recuperativo agregado* [6].

Tanto a tendência aos protestos quanto a efetividade das reclamações varia grandemente de um complexo firma-cliente a outro. Mas podem ser feitas três afirmações gerais:

(1) No modelo simples apresentado até agora, a voz funciona como complemento da saída, não como substituto. Nessas condições, qualquer manifestação da voz é ganho líquido, do ponto de vista do mecanismo de recuperação [7].

(2) Quanto mais efetiva é a voz, (dada a efetividade da saída), mais a demanda pode ser inelástica na qualidade, sem eliminar as chances de recuperação provenientes da voz e da saída *conjuntamente*.

(3) Considerando-se que depois de certo ponto a saída é mais destrutiva que salutar, o padrão ótimo, ao ter-se em vista o máximo de efetividade da voz *e* da saída sobre o processo de deterioração, pode ser uma reação elástica da demanda nos primeiros estágios e inelástica nos estágios subseqüentes. Este padrão foi por muito tempo considerado característico da reação do consumidor a aumentos no preço de certos bens, vitalmente necessários em quantidades limitadas, mas cujo consumo se expande facilmente se o preço cai. Da mesma forma, ele pode ser aplicado à elasticidade-qualidade da demanda, principalmente se a única alternativa existente a um produto em deterioração é um produto substituto mais caro. Eventualmente, é claro, conforme a qualidade vai piorando, a procura desaparecerá (devido aos limites de orçamento envolvidos quando o preço sobe indefinidamente), mas há talvez, uma série

---

(6) A voz pode causar prejuízo monetário direto à firma quando, por exemplo, clientes insatisfeitos podem devolver a mercadoria defeituosa. Se a voz aparece exclusivamente dessa maneira, sua efetividade em impressionar os dirigentes conscienciosos de lucros pode ser precisamente medida em relação à da saída. Ver Apêndice A.

(7) A voz pode complementar a saída também num contexto mais familiar. Os economistas que viam esperançosamente a capacidade da concorrência de distribuir recursos eficientemente, concluíram que o obstáculo mais sério à realização dessa esperança é a existência de diseconomias externas na produção e no consumo (poluição, encher as praias de lixo com latas de cerveja, etc.). Claro que essas diseconomias poderiam ser contidas ou evitadas através da articulação efetiva de protestos da parte de quem se aborrece com elas. Em outras palavras, a voz daquele que não é consumidor, mas a quem as diseconomias incomodam, poderia ser um adjunto de valor. Com isso, deve ser menos surpreendente que também a *voz do consumidor* seja importante para a complementação do mecanismo.

de bens e serviços, cuja procura oscila de elástica na qualidade a inelástica, para uma larga escala de declínio da qualidade. A razão pela qual mesmo tal padrão talvez seja por demais encoberto pela saída será comentada no capítulo 4.

Voz como alternativa à saída [8]

Até agora, a formulação da noção de voz foi tratada com certa timidez: o novo conceito foi visto como totalmente subordinado à saída. Para se conhecer o volume de voz determinado pela elasticidade-qualidade da demanda, assume-se que, clientes frente ao declínio da qualidade, antes de qualquer outra coisa, decidem se mudarão de firma ou produto, independentemente de sua influência no comportamento da empresa da qual normalmente compram; só se não mudarem é que lhes pode ocorrer a idéia de reclamar. É evidente que a decisão de mudar ou não será tomada *à luz das possibilidades de usar a voz com bons resultados.* Se os clientes estão bastante convencidos de que a voz trará resultado, poderão *adiar* a saída. Assim, a elasticidade-qualidade da demanda e, por conseguinte, a saída, podem ser vistas como dependentes da vontade e das possibilidades dos fregueses de optarem pela voz. Talvez seja mesmo mais apropriado ver as coisas deste ângulo, pois se a deterioração é um processo que se desdobra em estágios durante um certo período de tempo, é mais provável que se opte pela voz num estágio preliminar. Uma vez que se escolheu a saída, perdeu-se a oportunidade da voz, mas o contrário não é verdade; em certas situações, a saída será uma reação de último recurso, depois de a voz ter falhado.

Por aí se vê que a voz pode substituir a saída, assim como complementá-la. Quais são, então, as condições nas quais se prefere a voz à saída? A pergunta pode ser formulada mais precisamente assim: se um produto substituto ou concorrente B custa o mesmo preço que o produto A, que se compra normalmente, e, se devido à deterioração de A, B é agora nitidamente superior aos olhos dos fregueses de A, em que condições um cliente de A *não passará* a comprar B?

---

(8) O Apêndice B contém uma discussão mais técnica dos assuntos tratados nessa seção.

Desde que a voz é vista como substituto da saída, essa decisão de continuar comprador do produto degenerado e já inferior (ou como membros da organização decadente) é um importante componente da opção de voz, pois se presume que ela seja usada pelos que esperam que A recupere sua original superioridade a B, e não necessariamente por todos. Normalmente, um cliente ou membro se sacrificará porque sente que quer e que pode fazer alguma coisa por A e, continuando membro ou cliente, poderá exercer essa influência. Mas a decisão de não sair, em confronto com a clara possibilidade de uma compra, ou organização melhor, também poderia ser tomada por clientes (ou membros) que esperam êxito das reclamações e protestos de *terceiros,* combinados com a sua própria lealdade. Outros podem não querer mudar para B por acharem que logo retornariam a A, devido aos custos envolvidos. Finalmente, há os que ficam com A por lealdade, isto é, de uma forma mais impensada, embora longe de ser totalmente irracional [9]. Muitos desses "membros leais" participarão ativamente de ações determinadas a mudar as práticas de A, mas alguns podem simplesmente não sair e sofrer em silêncio, confiantes de que logo tudo estará bem. Assim, a opção de voz inclui graus diferentes de atividade e liderança na tentativa de conseguir a mudança "de dentro". Mas ela sempre envolve a decisão de "ficar" com a firma em deterioração, e essa decisão é baseada em:

(1) Avaliação das chances da firma ou organização produtora de A voltar ao que era, através de ação pessoal própria ou da de terceiros; e

(2) Achar que vale a pena trocar a segurança e a disponibilidade de B por todos esses riscos.

Desta forma, a possibilidade de substituição de A por B aparece como um importante elemento da escolha da voz, mas apenas como um entre vários elementos. Naturalmente, o consumidor optará pela voz se a margem original de superioridade de A for bem maior que a de B, de modo que compense passar por cima de um B superior no momento presente. Isso dificilmente acontecerá se A e B forem substitutos muito próximos. Mas dado um mínimo de dificuldade de substituição, a voz dependerá também da vontade de arris-

(9) Ver capítulo 7.

car a segurança que oferece a opção de saída e da probabilidade de ocorrerem melhorias em resultado de atitudes próprias e de outros, ou simplesmente de outros. É útil relacionar essa formulação com a de Edward Banfield em seu estudo da influência política: "o esforço que faz um partido interessado em levar seu caso à justiça será proporcional *à vantagem que poderá tirar de um resultado favorável, multiplicada pela probabilidade de influenciar a decisão* [10]."

Banfield chegou a esta regra estudando decisões públicas numa grande cidade americana e a participação de vários grupos de indivíduos no processo de tomada de decisões. Como a maior parte dos estudiosos de ciências políticas preocupados com a função de "articulação de interesse", ele analisava situações em que indivíduos ou grupos tinham a escolha básica entre passividade e envolvimento. O modelo presente é mais complicado por permitir a saída, devido à existência de produto substituto. A fórmula de Banfield mostra corretamente os benefícios da opção de voz[11], mas, para nossos objetivos, não há necessidade da introdução de custo, até agora identificado como antecedente da opção de saída. De fato, além desse custo de oportunidade, é preciso tomar conhecimento do custo direto da voz, que aparece quando compradores de um produto ou membros de uma organização gastam tempo e dinheiro na tentativa de conseguirem mudanças nas práticas e políticas da firma da qual são fregueses ou da organização a que pertencem. O exercício da opção de saída não está ligado a um custo tão alto no caso de produtos comprados no mercado — embora haja a possibilidade de diminuição da lealdade e o custo da obtenção de informações a respeito dos produtos substitutos que se pretendem comprar [12].

Assim, em contraste com a opção de saída, a voz tem um custo e está condicionada ao poder de negociação e à influência de que gozam os fregueses e membros dentro da firma ou organização. Estas duas carac-

---

(10) C. BANFIELD, Edward. *Political Influence*. New York, Free Press of Glencoe, 1961. p. 333. Itálicos no original.
(11) Deve-se notar que nosso conceito de voz, conforme foi definido no início do capítulo, é mais amplo que a "influência" de Banfield. Esta, aparentemente, exclui qualquer expressão de opinião ou descontentamento que não seja diretamente endereçada àquele que vai tomar a decisão.
(12) No entanto, o custo da saída pode ser substancial quando a lealdade está envolvida. O assunto será discutido no cap. 7.

terísticas estão presentes em outras áreas da vida econômica e social, onde a voz representa um papel importante, deixando a saída em segundo plano, pelo menos por algum tempo. Porque a voz tende a ser cara em relação à saída, o consumidor será menos capaz de usá-la conforme aumenta o número de bens e serviços que compra. É provável que para um grande número deles, o custo de dedicar mesmo um mínimo de seu tempo à correção de falhas de qualquer das entidades às quais está ligado exceda a estimativa dos benefícios esperados. Esta é também uma das razões pelas quais a voz tem um papel mais importante no que diz respeito a *organizações,* das quais o indivíduo é membro, do que a *firmas,* cujos produtos ele compra; as primeiras são bem menos numerosas que as outras. Além disso, é claro, a proliferação de produtos tende a aumentar a elasticidade inversa da demanda e, a esta altura, ela aumentaria a probabilidade da saída, decorrente da deterioração de qualquer produto tomado ao acaso. Por isso, a voz é um mecanismo ativo, principalmente em relação a compras e organizações com as quais compradores e membros estão mais substancialmente envolvidos.

Observando-se a outra característica que distingue a voz da saída, isto é, a necessidade de haver clientes ou membros capazes de influenciar ou decidir, chega-se a conclusões semelhantes no que diz respeito ao *locus* da opção de voz. Obviamente, não é este o caso nos mercados atomistas. O mecanismo da voz funciona melhor em mercados com poucos compradores ou onde poucos compradores retêm uma proporção importante das vendas totais, pois a união é mais fácil para poucos compradores do que para muitos, e porque cada um deles pode estar arriscando muito e ter poder considerável, mesmo isoladamente [13].

Mais uma vez, é mais comum encontrar membros influentes numa organização do que compradores que interfiram grandemente nas políticas de uma firma [14]. Portanto, a opção de voz será observada com mais freqüência em organizações que em empresas.

---

(13) Ver Mancur Olson Jr., *The Logic of Collective Action*. Cambridge, Mass., Harvard University Press, 1965.
(14) Ver a descrição do comprador influente em *American Capitalism: Tre Concept of Countervailing Power* de John K. Galbraith. Boston, Houghton Mifflin Co., 1956. pp. 117-123.

Apesar de envolverem muitos compradores, certos tipos de compras se prestam particularmente à opção de voz. O consumidor insatisfeito com um bem barato, não durável, muito provavelmente tentará uma nova marca sem reclamar. Mas se um bem durável e caro como um automóvel desaponta-o dia e noite, é mais difícil que ele se mantenha em silêncio. E suas reclamações preocuparão pelo menos um pouco a firma ou o negociante cujo produto comprou, pois ele continua um comprador em potencial por um, dois, ou cinco anos e, também porque, no caso de bens-padrão, a propaganda de boca em boca é desfavorável e poderosa.

A discussão dos papéis comparativos da voz e da saída nos vários níveis de desenvolvimento econômico traz duas conclusões: o número total de bens e marcas disponíveis numa economia avançada facilita a saída em detrimento da voz, mas a crescente importância dos bens-padrão, de consumo durável, nesta economia, requerendo gastos, trabalha na direção oposta. Apesar de os comentários anteriores restringirem o domínio da opção de voz, destituindo-a do papel de substituto da saída, o território que lhe resta é razoavelmente grande e um tanto mal definido. Além disso, uma vez que a voz é considerada um mecanismo de muita utilidade para manter a *performance,* podem-se instituir formas de diminuir o preço das ações individuais ou coletivas. Ou, em algumas situações, aqueles que desenvolveram a voz, podem ampliar as recompensas de seu *sucesso.*

Muitas vezes, é possível criar canais de comunicação inteiramente novos para grupos, como os dos consumidores, que até então tiveram dificuldades notórias em se fazer ouvir, em comparação a outros grupos de interesses. De fato, os consumidores progrediram tanto nesse sentido que já se fala de uma "revolução do consumidor", como parte da "explosão de participação" geral. A frase anterior não se refere a velhas instituições de pesquisa com que o consumidor ainda conta, mas a ações mais diretas, recentemente realizadas pelos consumidores. As mais espetaculares são as campanhas de Ralph Nader, que nomeou a si próprio uma espécie de representante dos consumidores [15]. A designa-

---
(15) O trabalho de NADER relativo a produtos e ação é amplamente abordado em seu artigo "The Great American Gyp", *The New York Review of Books,* 21 de novembro de 1968.

ção de um conselheiro junto ao presidente para tratar de assuntos de interesse do consumidor, desde 1964, é uma resposta a esta emergência que se tornou a voz do consumidor. Em conseqüência deste progresso, pode-se falar de instituição da voz do consumidor em três níveis: através de iniciativa independente a la Nader, através de revigoração de suas agências oficiais e através da aceleração de atividades preventivas da parte das firmas vendedoras mais importantes [16].

É importante a criação de novos e efetivos canais através dos quais os consumidores possam comunicar sua insatisfação. Enquanto restrições estruturais (existência de produtos substitutos próximos etc.) são de indubitável importância na determinação do equilíbrio entre saída e voz no consumo individual de bens, a propensão à escolha da voz depende também da disposição geral da população para reclamar e da invenção de instituições e mecanismos capazes de comunicar as reclamações de maneira barata e efetiva. Experiências recentes põem em dúvida o fato de estas restrições estruturais serem chamadas de "básicas" quando podem ser repentinamente superadas por um único indivíduo como Ralph Nader [17].

Assim, enquanto a saída nada requer além da decisão por uma coisa ou por outra, a voz é, em essência, uma *arte*, que constantemente toma novas direções. Esta situação provoca um importante preconceito a favor da saída, quando as duas opções estão presentes: clientes-membros basearão sua decisão em experiências passadas com o custo e a efetividade da voz, sem levar em conta o fato de que a própria essência da voz é o possível aparecimento de um custo mais baixo e de uma maior eficiência. A presença da alternativa saída poderá, portanto, *atrofiar o desenvolvimento da arte da voz*. Esse é o ponto básico deste livro, que será discutido a partir de outro ângulo, no próximo capítulo.

---

(16) Como tradição, essas firmas têm se ocupado consideravelmente da "auscultação" da voz através de pesquisas de mercado.
(17) LISA REDFIELD PEATTIE expôs em *The View from the Barrio* outro caso sobre o assunto, dentro do contexto de ação da comunidade na Venezuela. (Ann Arbor, Mich.: University of Michigan Press, 1968), cap. 7; a "arte" de usar a voz, dessa vez nas vizinhanças pobres de cidades americanas, é o tema de seu artigo "Reflections on Advocacy Planning", *Journal of the American Institute of Planners* (março de 1968), pp. 80-88.

4
UMA DIFICULDADE ESPECIAL EM CONCILIAR VOZ E SAÍDA

A esta altura, o terreno já foi preparado para se falar ao leitor da observação empírica mencionada no prefácio como a origem deste ensaio. Em um livro recente tentei explicar porque as estradas de ferro na Nigéria funcionavam de maneira tão deficiente, frente à concorrência dos caminhões, mesmo no caso de uma carga proveniente de longe e tão volumosa quanto o amendoim (cultivado no norte da Nigéria, a mais ou menos oitocentas milhas dos portos de Lagos e Port d'Harcourt). Foram encontradas razões econômicas, sócio-políticas e organizacionais específicas para justificar a excepcional habilidade dos caminhões de se aproveitarem ao máximo das ferrovias nigerianas. Depois disso, restava-me explicar a prolongada incapacidade da administração das ferrovias de corrigir suas mais flagrantes ineficiências, *apesar da concorrência ativa.* Propus a seguinte explicação:

> "A presença de uma fácil alternativa ao transporte ferroviário faz com que as falhas das ferrovias devam ser combatidas ao invés de perdoadas. Devido à existência de ônibus e caminhões para transporte, a deterioração do serviço ferroviário não é tão grave quanto seria se as estradas de ferro tivessem um monopólio do transporte entre grandes distâncias. Dessa forma, o público a suporta sem provocar as pressões difíceis e explosivas necessárias à reforma da administração. Pode ser essa a razão pela qual o empreendimento público, não só na Nigéria, mas também em muitos outros países, tem seu ponto fraco em setores como educação e transporte, onde está submetido à concorrência. Em vez de estimular um desempenho melhor ou um desempenho máximo, a presença do substituto acessível e satisfatório para os serviços oferecidos pelo empreendimento público priva-a de um precioso mecanismo de retorno, cuja efetividade máxima requer a ligação dos clientes à firma. Isso porque a direção garantida pelo Tesouro Nacional é menos sensível a prejuízo na renda, causado pelas saídas dos clientes para um concorrente, do que aos protestos de um público revoltado, que não tendo outra alternativa além da dependência, provocará um tumulto [1]."

Na situação descrita era impossível qualquer recuperação através da combinação da saída e da voz: já que a perda de renda não era da maior gravidade para a direção, a saída perdeu o efeito de alertar, ao passo que a voz não funcionava, uma vez que os clientes mais revoltados e, portanto, mais capazes de usá-la eram os primeiros a trocar as ferrovias pelos caminhões. Este fenômeno em particular deve ser observado atentamente, pois caso ele implique em qualquer generalidade, seriam pequenas as chances de atuação conjunta de voz e saída; nesse caso, a voz só seria um mecanismo de recuperação efetivo em condições de monopólio puro, "quando os clientes estão seguramente ligados à firma".

(1) *Development Projects Observed.* Washington: Brookings Institution, 1967. págs. 146-147.

Antes de qualquer generalização, veremos um exemplo mais próximo a nós. Se as escolas públicas e particulares de um local dos Estados Unidos substituírem, no caso, as ferrovias e os caminhões da Nigéria, o resultado será bem semelhante. Suponha-se que, a certo ponto, por qualquer razão, haja deterioração nas escolas públicas. Conseqüentemente, um número maior de pais conscientes da qualidade do ensino matricularão seus filhos em colégios particulares [2]. Essa saída pode ocasionar um impulso no sentido de melhoria das escolas públicas, porém, mais uma vez, para elas, esse impulso é muito menos significativo que a perda dos membros-clientes mais determinados a combater a deterioração caso não existissem as escolas particulares como alternativas.

Nos exemplos precedentes, os funcionários públicos são insensíveis à saída porque contam com uma série de recursos financeiros independentes dos ganhos provenientes das vendas.

Também na esfera dos negócios particulares, há situações onde a saída é o modo principal de reação ao declínio, quando a voz poderia ser mais eficaz. A relação entre a direção de corporações e os acionistas é um exemplo do assunto em pauta. Quando a direção de uma corporação entra em declínio, a primeira reação dos acionistas bem informados é procurar ações de companhias melhor dirigidas. Devido a essa orientação pro-saída, em detrimento da voz, diz-se que os investidores seguem a regra de Wall Street: "se a direção não agrada, venda as ações". Segundo um conhecido manual, essa regra resulta na "perpetuação das más políticas e da má administração". É óbvio que não é tanto a lei de Wall Street, mas o fácil acesso a várias oportunidades de investimento no mercado de ações, que faz com que nenhum investidor, exceto o mais de-

---

(2) Como as escolas particulares custam caro e a distribuição da renda é desigual, é claro que os primeiros a deixar as ecolas públicas serão os pais mais ricos. Contudo, a disposição para fazer um sacrifício financeiro em benefício da melhoria do ensino da criança varia grandemente dentro de uma dada classe de renda, principalmente em níveis intermediários de renda. Na sua forma simples, o fenômeno aqui descrito é melhor visualizado num distrito escolar com muitos pais classe-média, para quem a decisão de matricular os filhos numa escola particular é um sacrifício significativo, porém tolerável.

terminado, cogite na escolha da voz no lugar da saída[3].

Embora mais nítida no caso das escolas, há uma característica básica em todas as situações anteriores: aqueles consumidores que *mais* se preocupam com a qualidade do produto e que, conseqüentemente, seriam os agentes mais ativos e criativos da voz, são, pela mesma razão, os primeiros a sair em caso de deterioração.

Essa observação tem como objetivo a definição de uma série de situações econômicas onde o monopólio puro seria, dentro da estrutura de economia "falha" ou de *slack*, preferível à concorrência. Mas antes de uma conclusão devemos analisar essa observação e traduzi-la para a linguagem comum da análise econômica.

Em termos de linguagem, as situações descritas ultrapassariam vagas alusões ao paradoxo. Todos nós sabemos que quando o preço de um bem sobe, o consumidor *marginal*, aquele que menos consome extra e que *menos* se interessa, é o primeiro a sair. Como pode o oposto dessa afirmação parecer plausível no caso de declínio da qualidade? *É possível que os primeiros consumidores que saem, quando o preço aumenta, não sejam os mesmos que saem, quando a qualidade cai?*[4] Se a resposta a esta pergunta fosse afirmativa, seria mais fácil entender a dificuldade de combinar voz e saída em alguns casos.

O papel da qualidade na vida econômica, inexplorado, em comparação com o do preço, é a razão do nosso paradoxo. Em termos de preço e de quantidade, a análise tradicional da demanda é imperiosa, pois essas categorias têm a imensa vantagem de poderem ser gravadas, medidas e satisfatoriamente divididas. Economistas e estatísticos muitas vezes lidam com as mudanças de qualidade através do conceito do preço *equiva-*

(3) As passagens citadas são de B. GRAHAM e D. L. DODD, *Security Analysis*, terceira edição. New York. — McGraw Hill, 1951. pág. 616. O tema é apresentado detalhadamente no capítulo 50, "Stockholder-Management Controversies". Na quarta edição desta obra, (1962), os autores voltam brevemente ao tema e parecem estar cientes de que as singularidades institucionais são um grande obstáculo a qualquer sucesso substancial de suas exortações: "talvez de uma maneira quixotesca," dizem eles, modestamente, "quisemos combater o conceito tradicional e nocivo de que um acionista insatisfeito com a forma como é administrada sua companhia deva vender suas ações, não interessa quão baixo esteja seu preço". (pág. 674).
(4) O Apêndice C refere-se a essa possibilidade como o "fenômeno reverso". Aqueles para quem os diagramas são mais claros que a linguagem escrita, devem ler as páginas seguintes juntamente com os Apêndices C e D.

lente ou da diferença de quantidade. É freqüente tratar um artigo de baixa qualidade como de menor quantidade que o mesmo artigo de qualidade padrão; é o caso, por exemplo, do pneu de automóvel que dura, em média, apenas a metade (em termos de milhas), em comparação com um pneu de alta qualidade.

Ao mesmo tempo, a qualidade baixa, muitas vezes, leva a custos e preços mais altos; por exemplo, maior corrupção no serviço de transporte ferroviário resultará em prêmios de seguro mais altos. No último caso, grande parte da deterioração da qualidade pode ser assim descrita: "agora todos pagam mais do que pagavam antes pelo mesmo serviço ferroviário". Com base nessa afirmação, não há razão para esperar que o efeito do declínio da qualidade na demanda, (isto é, para os primeiros a sair), seja diferente do efeito que teria um aumento uniforme dos preços. Em outras palavras, se a baixa da qualidade puder ser expressa através de um aumento equivalente de preço, *uniforme para todos os compradores do artigo,* um declínio da qualidade e um aumento equivalente do preço afetariam a saída de maneira idêntica.

Pode-se agora falar do ponto principal. Para qualquer indivíduo, a diferença de qualidade pode ser traduzida para mudança equivalente do preço. *Freqüentemente, porém, essa equivalência é distinta para cada consumidor do artigo, porque a apreciação da qualidade difere grandemente de um para outro.* De certa forma, este é o caso nos exemplos mencionados acima dos pneus para automóveis e do serviço de transporte ferroviário. A preferência por pneus de qualidade, mais duráveis, dependerá da exigência de cada comprador individual. No caso do transporte ferroviário, o aumento dos prêmios de seguro é inteiramente contrabalançado pelo aumento dos custos monetários médios diretos, impingidos ao expedidor com a deterioração do serviço. Alguns deles podem não se incomodar com isso, mas para outros, a falta de confiança no serviço de transportes significa custos que não podem ser contrabalançados pelo esquema de seguros (inconveniência, reputação da confiança que outros depositam neles, etc.). Não é novidade dizer que a apreciação da qualidade — de vinhos, queijos ou da educação dos filhos — difere grandemente em grupos distintos. E é certo que um dado declínio da qualidade traz tipos diferentes de perda (isto é, diferentes aumentos equivalentes de preço) a compradores diferentes; um grande consumidor de extras que, antes de a deterioração ocorrer, pagaria até o dobro do preço de um artigo, em vista da sua qualidade, pode deixar de consumi-lo assim que a qualidade cair, se houver um produto concorrente mantenedor da qualidade, mesmo muito mais caro.

Aqui está a razão da nossa observação: no caso de bens para *connoisseurs* — e, como indica o exemplo do ensino, essa categoria não se limita a vinhos de qualidade — aqueles que saem quando cai a qualidade não são necessariamente os consumidores marginais, que sairiam se o preço aumentasse, mas podem ser consumidores "intramarginais", com um considerável consumo de extras; ou seja, o consumidor insensível a aumentos do preço é, em geral, altamente sensível ao declínio da qualidade.

Ao mesmo tempo, aqueles que têm alto consumo de extras são, por essa razão, os que mais perdem com o declínio da qualidade do produto. Portanto, enquanto não saem, são os mais capazes de protestar contra a deterioração. "Então, pode-se fugir ativamente e pode-se permanecer ativamente". Essa frase de Erik Erikson[5] se aplica muito bem à opção do consumidor consciente de qualidade ou do membro que se interessa nas práticas da organização à qual pertence. Para muitas firmas e organizações, principalmente, é claro, as que reagem mais prontamente à voz que à saída, fazer com que este tipo de sócio ou consumidor "permaneça ativamente" deveria ser uma questão de grande interesse.

Antes de nos aprofundarmos na análise dos vários tipos de comportamento do consumidor em relação a bens para *connoisseurs,* vamos falar do velho conceito de consumo extra e de sua propriedade de medir o potencial de exercício de influência de diversos consumidores. Este potencial é a contrapartida do conteúdo tradicional do conceito. O consumo extra mede a vantagem do consumidor que pode comprar um produto pelo seu preço de mercado: quanto maior esta vantagem, mais o consumidor se sente motivado a "fazer

(5) *Insight and Responsibility.* New York: W. W. Norton & Co., Inc., 1964. pág. 86.

alguma coisa" para protegê-la ou recuperá-la. Através deste conceito, até agora utilizado exclusivamente no campo da teoria econômica [6], é possível conhecer as chances de resultado de ações políticas.

A natureza do produto substituto disponível influi muito na decisão dos consumidores exigentes de qualidade de abandonar logo estes bens para *connoisseurs* ou não. No capítulo 3, para analisar as opções de voz e saída, assumiu-se que o único bem substituto ou concorrente disponível era de qualidade inferior, custando, porém, o mesmo preço. É claro que, normalmente, existem muitas outras combinações de preço e qualidade; os consumidores devem ter muitas vezes hesitado entre o bem que de fato compraram, um substituto de qualidade e preço superiores e um substituto de qualidade e preço inferiores. Suponha-se agora que só existe o primeiro tipo de substituto e que cai a qualidade da mercadoria para *connoisseurs,* normalmente comprada por um grupo de consumidores. Nesse caso, é plausível que os consumidores que davam valor ao bem degenerado sejam os primeiros a achar que vale a pena passar para o substituto melhor e mais caro. Por outro lado, quando só se dispõe de um bem mais barato e de qualidade mais baixa, os consumidores exigentes sofrerão grandemente com a deterioração da qualidade, mas permanecerão com o bem por mais tempo que seus colegas menos conscientes de qualidade. Esta e outras hipóteses similares podem ser facilmente provadas pela curva de análise da indiferença [7].

Assim, a rápida saída dos clientes conscientes de qualidade — situação que paralisa a voz, desprovendo-a de seus principais agentes — está ligada à disponibilidade de produtos melhores e mais caros. Tal situação tem sido observada no campo da habitação, por exemplo. Quando as condições gerais de uma localidade entram em deterioração, aqueles que mais prezam qualidades como segurança, limpeza, boas escolas e assim por diante, serão os primeiros a se mudarem; eles pro-

(6) No meu livro *National Power and the Structure of Foreign Trade,* Berkeley, University of California Press, 1945, edição revista em 1969, cap. 2, também aparece a transformação de um conhecido conceito econômico em conceito político: as vantagens do comércio na influência que um negociante pode adquirir no país que recebe os ganhos.
(7) Ver Apêndice D, que discute em termos mais técnicos uma série de outros pontos levantados nesta seção.

curarão moradia num bairro mais caro e mais fino ou nos subúrbios, prejudicando grupos de cidadãos e programas comunitários de combate à onda de deterioração. Voltando ao caso das escolas públicas e particulares, agora fica claro que as públicas, "menos caras", têm muito a perder ao competir com as escolas particulares: primeiro, se e quando o ensino nas escolas públicas decair, elas perderão os filhos dos pais conscientes da qualidade que, caso isso não acontecesse, combateriam a deterioração; segundo, se, em conseqüência, a qualidade cair nas escolas particulares, este tipo de pais deixará seus filhos nelas por muito mais tempo do que os deixou nas escolas públicas, quando caiu o nível destas. Assim, quando escolas públicas e particulares coexistem, sendo superior o nível de ensino nas últimas, as escolas particulares terão muito mais força para lutar contra a deterioração do que as públicas. Já que nas escolas públicas a saída não é poderosa como mecanismo de recuperação, (ele é muito mais efetivo no caso de escolas particulares, que precisam sustentar-se por conta própria), o fracasso de um dos nossos mecanismos aqui se junta à ineficiência do outro.

Esta observação salienta-se em certo tipo de escolhas e de decisões importantes, não permanentes, como por exemplo, entre dois tipos de instituições educacionais ou entre duas formas de transporte [8].

Supondo-se uma linha completa e contínua de bens, desde os de mais baixo preço e qualidade até os mais altos, a deterioração de qualquer das variedades (com exceção das que estão nos dois extremos) levará ime-

(8) O Apêndice D mostra que o fenômeno reverso só pode acontecer quando existem pelo menos três bens: a variedade intermediária, que sofre a deterioração e o aumento no preço, outra variedade de melhor qualidade e de preço mais alto e uma terceira com características opostas. Quando o *preço* do bem intermediário subir, os consumidores menos exigentes sairão primeiro (para o bem mais barato e de qualidade mais baixa) enquanto que aqueles conscientes da qualidade serão os primeiros a sair (para o bem mais caro e melhor) quando a *qualidade* cair. No exemplo precedente existem apenas dois bens explícitos: ensino nas escolas públicas e ensino nas escolas particulares. Haveria uma terceira alternativa, "do outro lado" do bem adquirido normalmente, se subisse o preço do ensino público, surgindo a presença de um ensino informal, em casa. Sem dúvida, caso as escolas públicas deixassem de ser gratuitas, os consumidores menos exigentes escolheriam esta alternativa. A possibilidade do fenômeno reverso não foi eliminada neste caso. O mesmo raciocínio se aplica a outras escolhas dicótomas: com o exame cuidadoso do caso, normalmente aparece uma terceira alternativa; pode-se encontrar um bem inferior, caso o preço do bem habitualmente comprado aumente.

diatamente a várias combinações de saída: o consumidor que exige qualidade passará a comprar um bem mais caro e melhor e o que é sensível a mudanças de preço passará a comprar bens mais baratos, de pior qualidade; o primeiro tende a sair, quando é a qualidade que cai e não o preço que aumenta, mas o último não ficará muito atrás.

No caso de um bem com muitas variedades, mantém-se a proposição da probabilidade de a voz ter um papel mais importante em impedir a degeneração de produtos de alta qualidade do que a de produtos inferiores, assumindo-se que estas variedades têm *densidades* diferentes na escala de qualidade. Em termos de economias de escala, é plausível uma densidade mais baixa no nível de melhor qualidade que nos níveis baixo e médio de qualidade. Assim, é preciso que a deterioração de um produto de alto nível de qualidade seja bastante substancial para que os consumidores conscientes de qualidade saiam e passem a comprar outra variedade, de qualidade mais próxima à original. Desta forma, a possibilidade de se optar pela voz será maior neste nível; e, relativamente mais baixa nos níveis inferiores de qualidade.

Esta descoberta tem duas conseqüências; em primeiro lugar, ela se relaciona à discussão sobre ensino, que atribuiu à voz um papel particularmente importante no combate à degeneração de serviços essenciais determinantes do que normalmente se chama de *padrão de vida*. Daí uma conclusão um tanto desconcertante, mas longe de ser irreal: a desigualdade de padrões de vida entre os níveis de qualidade alta e os níveis de qualidade média e baixa tende a ser mais marcante, no caso destes serviços essenciais. Isso porque é preciso voz para resistir à deterioração e ela surge mais facilmente nos níveis de alta qualidade que nos inferiores. Isso acontece principalmente em sociedades onde há mobilidade social. Nas sociedades que não permitem mudanças de uma camada social para outra, a opção de voz é automaticamente mais forte: todos têm como motivação defender seu padrão de vida. É óbvio que a separação entre as classes alta e baixa tende a aumentar e tornar-se mais rígida em sociedades onde há mobilidade social; mas isto não é de fácil constatação numa cultura onde sempre se acreditou que a igualdade de oportunidades e a possibilidade de ascensão se encarregariam da justiça social [9].

Se juntarmos a hipótese da diminuição progressiva dos bens na parte superior da escala de qualidade com a noção de que a combinação de voz e saída é necessária para melhores resultados, chegaremos a uma conclusão bem diferente. Aceitando-se esta noção, a recuperação dependerá demais da saída na parte inferior da escala de qualidade, *enquanto haverá deficiência de saída* na parte superior. Mais à frente será dado um exemplo dessa última proposição.

(9) Em sua incisiva sátira, *The Rise of Meritocracy*, 1958, Penguin Edition, 1968, Michael Young mostra o erro dessa crença. Ver também, pp. 109-112, mais adiante.

5
COMO A CONCORRÊNCIA "CONFORTA" O MONOPÓLIO*

Para um economista ocidental é difícil perceber que, em certas circunstâncias, o monopólio fechado é preferível a outros sistemas mais abertos onde a concor-

(*) Ao escrever este capítulo, indesculpavelmente omiti uma referência à famosa frase de John Hicks, dita há 35 anos: "o maior lucro do monopólio é uma vida tranqüila". Se eu tivesse me lembrado dela, teria criticado bem menos a negligência do economista em relação ao "monopólio indolente". Ao mesmo tempo, teria sido capaz de expressar melhor o principal ponto deste capítulo: a concorrência pode ter uma vida ainda mais tranqüila que a do monopólio, dependendo de algumas suposições sobre a existência e a| intensidade da voz. A. O. Hirschman, 30 de setembro de 1971.

rência esteja presente. Assim mesmo, reconheceremos uma situação sem saída, superior a situações onde a saída é limitada, nestas duas condições:

(1) caso a saída seja inefetiva como mecanismo de recuperação, mas bem sucedida em afastar da firma ou organização seus clientes ou membros mais conscientes de qualidade, mais alertas e mais ativos potencialmente; e

(2) caso se pudesse fazer da voz um mecanismo efetivo, depois que estes clientes ou membros dependessem da organização.

Não há dúvida de que existem várias situações às quais a primeira condição se aplica — alguns exemplos adicionais serão dados neste e nos próximos capítulos. A segunda condição é, de fato, um assunto muito amplo: como já dissemos, desenvolver "voz" dentro de uma organização é sinônimo da história da democracia (através de articulação e agregação de interesses).

O fato de os membros ou clientes dependerem da empresa não pode, por si só, assegurar um volume efetivo de voz. Como mostraremos mais adiante, uma importante maneira de pressionar uma organização é ameaçar a saída a favor de uma organização rival. Porém, esta ameaça não pode ser feita quando não há rival, de forma que a voz é dificultada não só quando há possibilidade de saída, mas também, embora de maneira distinta, quando não existe tal possibilidade. Entretanto, pode-se pensar em probabilidades: considerando-se a estrutura e a maneira de reagir das organizações de uma dada sociedade e a disposição geral de forçar interesses dos indivíduos e grupos, é provável que em um ou outro caso particular, a voz seja de maior eficiência, quando os clientes ou membros não têm outra alternativa, do que quando eles têm acesso a uma saída limitada [1].

---

(1) Pode-se aqui traçar um interessante paralelo com a concorrência perfeita. Segundo a nota 1, no primeiro capítulo, a firma produtora no mercado de concorrência perfeita toma conhecimento de suas falhas diretamente através de aumento nos seus custos, ao invés de indiretamente, pela reação dos consumidores, pois não pode mudar nem o preço nem a qualidade de seu produto. Ela sofrerá prejuízo proporcional ao volume de suas falhas de eficiência. Se as falhas forem pequenas, as perdas também o serão e a firma terá possibilidades de recuperação. Se nos afastarmos um pouco da concorrência perfeita e tivermos uma forma com certa influência nos preços e na qualidade do mercado, enquanto a demanda permanece elástica, a situação fica muito diferente: uma pequena falha poderá levar a uma leve deterioração do produto, acarretando, por sua vez, uma perda de renda tão grande, que a firma imediatamente sucumbe. Aqui aparece uma situação semelhante, sob outro prisma. Em certas situações, o monopólio puro

Talvez a melhor maneira de se encarar o assunto seja reconhecer que devemos escolher entre dois males. Além do tradicional e desenvolvido monopólio e de seus possíveis perigos e abusos há muito apontados, deve-se ter cuidado com aquelas organizações de menor poder monopolístico, porém caracterizadas por franca sobrevivência após a saída dos membros e clientes alertas. É preciso questionar freqüentemente qual dessas duas variedades é a mais insatisfatória.

O ponto de vista adotado aqui difere do que sempre animou o conceito de monopólio e do que anima as medidas contra ele. É tradição achar que o monopolista utiliza ao máximo sua habilidade para explorar o consumidor e maximizar lucros, restringindo a produção. As leis públicas são baseadas principalmente nessa opinião. Mesmo Galbraith, sempre pronto a repudiar "a sabedoria convencional", considera este tipo de comportamento explorador o primeiro e talvez o único perigo contra o qual devemos nos precaver. No seu livro, *American Capitalism,* ele simplesmente aponta que a concorrência está se tornando uma alternativa irreal às tendências monoplíticas das economias capitalistas avançadas, e aclama uma atitude já existente, ou seja, *a oposição*. Mas e se tivermos que nos preocupar não só com a luta para maximizar lucros do monopolismo sem escrúpulos, mas também com sua inclinação a ineficiência, declínio e relaxamento? Talvez o perigo maior seja este: o monopolista estabelece um preço alto não para conseguir super-lucros, mas porque não consegue manter seus custos baixos; ou então, deixa que a qualidade do serviço ou produto que vende entre em deterioração, sem com isto ganhar qualquer vantagem [2].

Em vista da natureza espetacular de fenômenos como exploração e acúmulo de lucros, as falhas opostas, per-

---

pode ser preferível a um monopólio apenas levemente tolhido pela concorrência (em termos de eficiência do nosso mecanismo de recuperação). Isso porque a concorrência limitada pode resultar prejuízos pequenos, incapazes de alertar a direção de suas falhas, enfraquecendo decisivamente a voz, ao afastar da firma os clientes mais conscientes. Nos dois extremos, concorrência perfeita e monopólio puro, o mecanismo de recuperação pode funcionar melhor que um *pequeno passo* na direção de poder de mercado e estrutura competitiva, respectivamente.

(2) Note-se a seguinte observação feita por um estudioso da sociedade brasileira:
"Os grandes latifúndios brasileiros não são um mal por serem desumanos ou brutais, mas por serem ineficientes."
LAMBERT, Jacques. *Os dois Brasis.* Rio de Janeiro, INEP — Ministério da Educação e Cultura, 1963. pp. 54-57, 76-77.

mitidas pelo monopólio e pelo poder de mercado, ou sejam, indolência, relaxamento e declínio, têm sido muito menos pesquisadas. Para que estes problemas possam ser reconhecidos publicamente é preciso ver além do mundo "anglo-saxão", onde o pensamento econômico é normalmente feito em termos de um modelo de economia de pleno emprego ou maximização. Há alguns anos, ao fazer propostas para a administração pública, um economista oficial francês de prestígio apontou como sérios problemas "o abandono" e a incompetência da parte de direções de corporações [3].

O poder político é muito parecido com o poder de mercado no sentido de permitir que aquele que o retém use de sua brutalidade ou fraqueza. Repetindo, os perigos do abuso de poder, da invasão dos direitos individuais têm sido — por boas razões — o centro das atenções, em detrimento dos perigos da má administração e da inépcia burocrática. Daí o motivo original do agora tão falado cargo de "representante do consumidor": ajudar a resolver os conflitos entre cidadãos e aqueles que excedem os limites constitucionais de seus poderes. Mais tarde, porém, houve uma mudança do principal propósito da instituição, que hoje é "a promoção de melhor administração", a correção de práticas incorretas etc. [4]. Daí presume-se que a instituição é agora usada para repreender e corrigir a indolência oficial, embora originalmente estivesse encarregada de eliminar abusos de poder da parte de oficiais que se excedem.

Esta versatilidade é admirável, mas não pode ser considerada regra geral. Seria surpreendente se cada um dos dispositivos contra o propósito de fazer lucros do monopolista tivessem seu serviço dobrado para curar sua propensão ao relaxamento e à distração. Saída-concorrência é o caso em pauta. Embora sendo indubitavelmente benéfica no caso do monopolista explorador e

(3) BLOCH-LAINÉ, François. *Pour une réforme de l'entreprise*. Paris, Editions du Seuil, 1963. pp. 54-57, 76-77. A literatura "anglo-saxônica", principalmente a que trata dos sindicatos, tem dedicado certa atenção à possibilidade de monopólios "dormentes" ou "indolentes". Ver, por exemplo, A. LESTER, *As Unions Mature*. Princeton, University of Princeton Press, 1958. págs. 56-60 e LLOYD G. REYNOLDS e CYNTHIA H. TAFT, *The Evolution of Wage Structure*. New Haven, Yale University Press, 1956. pág. 190. Mas o potencial de exploração do monopólio sempre foi o centro das discussões e tem sido o motivo exclusivo da legislação *anti-trust*.

(4) YONG CHENG, Hing The Emergence and Spread of the Ombudsman Institution, *The Annals*, edição especial sobre "The Ombudsman or Citizen-s Defender" (maio de 1968), p. 23.

maximizador de lucros, a presença da concorrência faz mais mal que bem quando o interesse principal é cortar a tendência do monopolista à fraqueza e à mediocridade. Isso porque nesse caso, a saída-concorrência pode enfraquecer fatalmente a voz, conforme foi dito na seção precedente, sem com isso fazer uma ameaça séria à sobrevivência da organização. Foi o que aconteceu na *Nigerian Railway Corporation,* devido à facilidade com que se poderia "mergulhar" no Tesouro Público no caso de *deficit.* Mas existem muitos outros casos onde a saída-concorrência não reprime o monopólio como devia, mas o facilita e "conforta" ao livrá-lo de seus clientes mais problemáticos. Pode-se, portanto, definir uma espécie de tirania monopolística, grave, apesar de pouco notada: opressão dos fracos pelos incompetentes e exploração dos pobres pelos indolentes, que quanto mais desinteressada e evitável, mais durável e asfixiante. O contraste é realmente marcante: tiranias totalitárias e expansionistas ou monopólios inclinados ao acúmulo e à maximização de lucros (que talvez tenham recebido uma parte desproporcional da nossa atenção).

Estes monopólios indolentes que vêem na concorrência um alívio para críticas e tensões são freqüentemente encontrados, na esfera econômica, quando o poder do monopólio é local e quando a "mobilidade" difere em grande escala de um grupo a outro de clientes locais. Se os clientes "móveis" são os mais sensíveis à qualidade, como é provável que sejam, sua saída, provocada pelo baixo desempenho do monopolista local, permite a continuação da confortável mediocridade que a causou. Isto se aplica, por exemplo, a lojas de cidadezinhas e guetos, que perdem seus clientes conscientes de qualidade para lojas melhores de um outro lugar. Aplica-se também aos precários serviços elétricos dos países em desenvolvimento, cujos clientes mais exigentes, a certa altura, não suportam as crises periódicas e decidem mudar-se ou instalar seu próprio gerador de energia.

O *United States Post Office* * pode servir como mais um exemplo de monopólio indolente que lucra com as possibilidades limitadas de saída que existem para seus

(*) Serviço de Correios dos Estados Unidos. (N. da T.)

clientes mais ricos e exigentes. O acesso a sistemas de comunicação rápidos e seguros como o telégrafo ou o telefone torna mais toleráveis as deficiências do Correio; permitindo também que o Correio tiranize aqueles clientes para quem a saída para outros meios de comunicação é impraticável ou muito cara.

Nesse monopólio indolente, os retentores do poder podem, inclusive, ter interesse em *criar* algumas oportunidades limitadas de saída para aqueles cuja voz pudesse ser incômoda. Aqui está um bom exemplo da diferença entre o monopólio maximizador de lucro e o monopólio inerte: o primeiro, se lhe fosse possível, estabeleceria um preço discriminatório, de forma a extrair o máximo de renda de seus clientes mais exigentes, enquanto o monopólio indolente preferiria estabelecer preços que jogassem fora do mercado estes clientes, para não ter que se esforçar por um serviço melhor. Isso porque os clientes mais exigentes não só estão dispostos a pagar preços altos, como também a reclamar e exigir mais no caso de declínio do padrão de qualidade [5].

Não é fácil de captar exemplos desta confusa discriminação na vida econômica (em termos de maximização de lucros); em parte, talvez, por não termos pesquisado bastante, e, em parte, porque a discriminação de preços, em geral, não é muito facilmente praticada. Mas conhecemos situações aproximadamente análogas na política. Os retentores do poder na América Latina sempre encorajaram seus críticos e inimigos políticos a retirarem-se de cena através de exílio voluntário. O direito de asilo, tão generosamente praticado em todas as repúblicas latino-americanas, pode ser considerado quase como "uma conspiração para a repressão da voz". Um exemplo ainda mais direto é uma lei colombiana que garantia aos ex-presidentes, se eles residissem no estrangeiro, tantos dólares americanos, quantos pesos colombianos eles receberiam se vivessem em seu próprio país. Sendo que o dólar americano valia de 5 a 10 pesos durante a vigência da lei, o incentivo oficial à

---

(5) Há uma outra forma pela qual o monopolista indolente pode se livrar da voz desses clientes: ele pode estabelecer *apenas para esses clientes,* um serviço de qualidade especial (e de preço especial, bem mais caro). Essa discriminação se relacionaria à qualidade, em vez de ao preço. Aqui também, a idéia não é extrair a máxima renda possível, mas comprar "liberdade para deterioração".

saída desses "causadores de problemas em potencial" era considerável.

Mesmo sem estes incentivos especiais, a saída para políticos vencidos ou revoltados sempre foi mais fácil em alguns países que em outros. A seguinte comparação entre a política no Japão e na América Latina fornece outro exemplo da corrosiva influência que a saída pode ter sobre processos políticos construtivos via voz:

"O isolamento do Japão estabeleceu rígidas barreiras às possibilidades de oposição política. A ausência de fáceis oportunidades de exílio tolerável ensinou muito bem a virtude da concessão. O editor de jornal argentino, correndo risco de prisão ou assassinato, podia atravessar o rio até Montevidéu e achar um lar entre sons, rostos, e livros conhecidos, facilmente capaz de arranjar amigos e um novo emprego. (Hoje em dia, antes de qualquer outra coisa, talvez conseguisse refúgio numa dessas organizações internacionais que brotam como cogumelos). Mas para todos os japoneses, exceto uma mínima fração, um único lugar sempre foi seu lar [6]."

Em vista disto, o Japão teve a vantagem de uma política "sem saída", enquanto a tentadora oportunidade de saída característica das sociedades hispano-americanas contribuiu para seu *"facciosismo"* e *"personalismo" típicos,* talvez tanto quanto o caráter nacional espanhol, o culto do *machismo* e outras razões comumente usadas.

---

(6) DORE, R. P. Latin America and Japan Compared, edição *Continuity and Change in Latin America*. Stanford, University Press, 1964. pág. 238.

6
O DUOPÓLIO NUM ESPAÇO LINEAR E A DINÂMICA DOS SISTEMAS BIPARTIDÁRIOS

As situações analisadas até agora têm como ponto de partida uma nítida deterioração no desempenho de uma firma ou organização. As opções de voz e de saída são reações a essa deterioração e, em algumas circunstâncias, capazes de pará-la ou revertê-la. Os consumidores foram retratados como mais ou menos sensíveis a mudanças na qualidade, tendo *todos* passado pela mudança, positiva ou negativa. Esta suposição pode ser agora deixada de lado. Assim, qualidade e preço aparecerão outra vez como fenômenos inteiramente distintos: o declínio no preço de um bem é uma boa notícia para *todos* os consumidores, assim como um aumento de preço significa perda de renda real para *todos*, mas uma mesma mudança na qualidade pode tornar o bem mais apreciável para alguns clientes, desagradando a outros. O mesmo acontece no caso de mudanças nas posições de partidos políticos ou de outras organizações.

Quando firmas e organizações têm possibilidades de mudar a qualidade de forma a agradar a alguns e desagradar a outros, levanta-se uma questão — por que qualidade se deve optar? A resposta do economista é que a firma deve optar, na escala de qualidade, pelo ponto que maximizará seus lucros [1]. Esse reflexo rotineiro, porém, não resolve nosso problema, pois se a firma tanto perde como ganha clientes devido a mudanças de qualidade dadas (enquanto os custos mantêm-se fixos), o critério de maximização de lucros pode não ser a única solução. Ou suponha-se que a firma é um monopólio que, na verdade, não perde nem ganha fregueses ao variar a qualidade de seu produto, mas causa com estas variações, satisfação e desagrado aos diversos grupos de clientes. Para definir este tipo de situação é plausível introduzir outro critério: além da maximização de lucros, a firma tenderá a minimizar o descontentamento de seus fregueses pelo motivo altamente racional de conseguir simpatia ou reduzir a hostilidade na comunidade da qual faz parte [2]. Operando com este critério, a firma deve selecionar um ponto no meio da escala de qualidade, onde seus lucros possam ser maximizados paralelamente. Suponhamos duas categorias de clientes numa firma monopolística — a categoria A, que deploraria qualquer mudança de A para B na escala linear de qualidade, e a categoria B, que aclamaria a mudança. A firma interessada em minimizar o descontentamento selecionará o ponto mé-

---

(1) Por uma questão de simplicidade, suponhamos que estas mudanças de qualidade não afetam os custos.

(2) É obviamente possível equacionar esse interesse com maximização de lucros "a longo prazo".

dio entre A e B [3], se a intensidade do descontentamento de A e de B for idêntica. Se o descontentamento de A, conforme a qualidade se distancia de A é maior e mais fortemente expresso que o descontentamento correspondente de B, então a firma deverá escolher um nível de qualidade consideravelmente mais próximo de A do que de B.

O conceito de voz acaba de aparecer, possibilitando a introdução da determinação no problema de seleção de qualidade da firma. Em vez de interpretar a decisão de minimizar descontentamento como uma atitude

(3) Se a distribuição de freqüência dos gostos dos consumidores é normal, é óbvio que a firma decidida a minimizar descontentamento optará pelo ponto médio. Mesmo quando as preferências dos consumidores se distribuem com a mesma densidade na escala A-B, se assumirmos que o descontentamento é proporcional à diferença entre a qualidade real e a desejada, sua minimização se dará da mesma maneira. Isto já foi visto, em particular, no caso da escala A-B representando distância geográfica num mercado linear (ver n. 6, adiante). Então, a localização da firma num ponto qualquer da escala significa "qualidade"; e está claro que qualquer mudança nesta qualidade agrada a certos clientes e desagrada a outros e que o custo de transporte que a localização da firma impinge aos diferentes clientes é a medida do seu descontentamento (desde que utilidade marginal da moeda seja constante). Se se supõe uma distribuição binomial dos gostos dos consumidores, como foi feito no texto, é necessária mais uma condição para a escolha do ponto médio. É plausível dizer que o descontentamento cresce mais que proporcionalmente em relação ao desvio da qualidade desejada para a real. As funções de descontentamento teriam, então, esta forma:

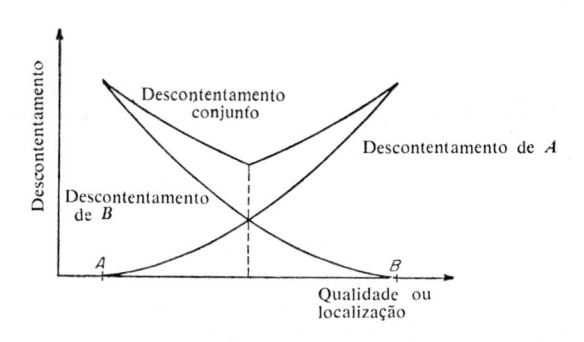

O descontentamento conjunto de A e B é minimizado ao selecionar-se o ponto médio entre A E B.

(4) Ou por puro altruísmo, como é suposto em "A Mathematical Model of Policy Formulation in Democratic Society", de OTTO A. DAVIS e MELVIN HINCH, in *Mathematical Applications in Political Science*, ed. de J. L. Bernd, Dallas, Arnold Foundation, 1966. II, 175-208. Num trecho do artigo, os autores, com resultados semelhantes ao do texto, analisam como um "ditador magnânimo minimizaria a função de utilidade" dos cidadãos, ou seja, o descontentamento que sua má política neles provoca.

arbitrária, tomada em interesse da própria firma[4], é mais realista dizer que, ao escolher a média na escala de qualidade, ela está simplesmente reagindo à voz — ou melhor, às *vozes* com que os consumidores a pressionavam por todos os lados. Uma vez que a maximização de lucros nem sempre fornece uma linha de ação para a firma e que a voz tem um papel tão decisivo, ela não será totalmente desprezada quando a maximização de lucros apontar um ponto específico da escala de qualidade. Em outras palavras, pode-se dizer que a preocupação com a voz (isto é, com a minimização de hostilidade e descontentamento) modera o interesse no lucro. Caso a maximização de lucros entre em conflito com a minimização de descontentamento, serão necessários acordos e convenção para equilibrar os dois objetivos.

Pode-se construir uma situação onde esses acordos e conflitos aparecem: suponhamos que de duas categorias de consumidores, A e B, a primeira não tem alternativa se a qualidade do *output* da firma mudar na direção de B, enquanto a demanda de B é tão elástica que eles deixariam a firma, cada vez em maior número, se a qualidade pula de B para A. Em tal situação, uma firma que só pensa em maximizar lucros produzirá no ponto B da escala, ao passo que a que minimiza produzirá descontentamento no ponto A. No ponto A, os consumidores da categoria A estariam satisfeitos, enquanto os da categoria B procurariam negociar com outras firmas; eles podem não simpatizar com a firma que os desapontou, mas, através da saída, desligam-se da influência que poderiam ter exercido. Em todo caso, o fato de acharem facilmente um substituto mostra que seus danos não foram tão grandes. Se a firma produz no ponto B, os consumidores de A permaneceriam, embora descontentes. Nessa situação, a firma sensível à voz se distancia um pouco do ponto de maximização de lucros. Portanto, é mais provável que a firma se desvie do ponto de maximização quando os consumidores descontentes (com a produção nesse ponto) não têm outra alternativa. Esta conclusão contradiz, ou pelo menos limita, a noção convencional do "consumidor influente".

Normalmente, acredita-se que o poder reside no fato de o consumidor ter meios de negociar em outro lugar, "punindo" a firma que não dá atenção às suas preferências; vimos agora uma outra espécie de influência: a do consumidor que não pode sair e que, por isso mesmo, se sente motivado a ameaçar e induzir a firma a voltar-se para suas necessidades e preferências [5].

O assunto acima se relaciona diretamente a temas do pensamento econômico e político de longa e notável genealogia. Há mais ou menos quarenta anos, Harold Hotelling publicou um famoso artigo [6], pioneiro nos campos do duopólio, da teoria da localização e da dinâmica dos sistemas bipartidários. Depois dele, vários autores elaboraram e deram classificações ao seu argumento, mas seus fundamentos básicos não foram diretamente abalados. A idéia principal de Hotelling pode ser facilmente resumida. Suponha que clientes (ou leitores, na variante política do modelo) distribuem-se igualmente pela escala linear finita, A-B, ou da esquerda para a direita; e que, inicialmente, duas firmas (ou dois partidos) dividiram entre si este território linear, localizando-se nos pontos médios das metades esquerda e direita. Do ponto de vista social, este é o arranjo ideal, pois minimiza a distância ideológica entre partidos e eleitores e, portanto, o descontentamento dos eleitores com os projetos e políticas do partido. Suponha-se agora que uma das duas firmas ou partidos, digamos, a que está situada à esquerda, pode mudar sua localização sem custos, enquanto a outra está, ou supõe-se que está, presa ao local. Em tais condições, é provável que a firma maximizadora de lucros ou o partido maximizador de votos se movimente para a direita. Pois enquanto se situar à esquerda da firma impossibilitada de movimento, ela retém seus clientes ou eleitores localizados à extrema esquerda, podendo, ao avançar em território alheio, ganhar clientes ou eleitores da firma situada à direita. Daí, duas importantes conclusões:

---

(5) Se a mudança da qualidade é definida como deterioração capaz de afetar a *todos* os consumidores, a voz e a saída pressionam a firma no mesmo sentido. Se a firma se recupera, essa recuperação é "fruto conjunto" da voz e da saída, sendo difícil separar e avaliar a contribuição de cada uma das duas em particular. Quando a mudança da qualidade significa melhoria para uns e deterioração para outros, a força individual de cada mecanismo pode ser comparada, porque, como vimos, eles podem funcionar em direções contrárias. Este assunto será retomado no fim do capítulo.
(6) "Stability in Competition", *Economic Journal*, 39: 41-57 (1929).

1 — em condições de duopólio as duas firmas tendem a avançar para o centro da escala;

2 — a maximização de lucros ou de votos leva a resultados socialmente indesejáveis, uma vez que o custo total dos bens para os consumidores (se incluirmos o custo de transporte pago pelo consumidor) será mais alto do que seria se as firmas permanecessem nos quartos da escala.

Conseqüentemente, é provável, mas socialmente indesejável, que os partidos se aproximem mais um do outro [7].

O sucesso deste elegante modelo, principalmente entre os estudiosos de ciências políticas, é igual à sua ineficiência no sentido de predizer corretamente o curso real dos acontecimentos — é um bom exemplo da máxima de Streeten-Kuhn: um modelo nunca é superado por fatos, mesmo prejudiciais, mas por outros modelos [8]. O modelo foi muitas vezes reformulado. No início da Depressão e do New Deal *, quando houve grande divergência ideológica entre os partidos Republicano e Democrata, tentou-se conciliar o modelo com os acontecimentos. Tirou-se proveito do fato de os resultados do modelo dependerem grandemente — como Hotelling já indicara [9] — da elasticidade zero da demanda no mercado linear. Segundo esta hipótese, os consumidores continuam comprando o produto da loja mais próxima, não interessa o que significar "distância mais próxima" "e,

(7) Há uma diferença importante: depois da apuração dos resultados da votação, o vencedor controla todo o país, enquanto no caso do duopólio, as duas firmas permanentemente dividem o mercado entre si. Assim, ao situar-se nos quartos da escala, os partidos minimizariam o descontentamento do povo com suas práticas e políticas, mas não com as do governo, ou seja, o resultado das lutas entre os dois partidos. Contudo, pode-se dizer que o sistema bipartidário obriga a escolhas arriscadas, contra escolhas menos enérgicas. Ou seja, o cidadão médio prefere uma situação onde o partido com o qual ele melhor se identifica tem as mesmas possibilidades de ganhar que o partido do qual ele discorda profundamente, do que uma situação na qual o poder está sempre nas mãos de um partido intermediário, que não lhe agrada nem desagrada. Davis e Hinch não perceberam este ponto; eles vêem a localização dos dois candidatos nos quartos da escala como resultado do processo de nomeação, no qual o candidato de cada partido é escolhido exclusivamente pelos membros daquele partido. É uma posição bem realista em termos das instituições democráticas americanas. Mas o ponto de vista da comunidade como um todo não é necessariamente contrário ao resultado, como parece estar implícito na análise de Davis e Hinch, que considera as práticas hipotéticas do "ditador magnânimo" uma espécie de solução ótima. Ver n. 4, acima.

(8) Paul Streeten formulou essa máxima numa carta ao autor. A idéia é desenvolvida em *The Structure of Scientific Resolutions* de THOMAS S. KUNH. Chicago, University of Chicago Press, 1962.

(9) "Stability in Competition", pág. 56.

(*) Medidas tomadas pelo presidente F. D. Roosevelt para promover melhoria econômica e segurança social. (N. da T.)

da mesma forma, os cidadãos continuam votando para o partido que lhes é mais próximo. Por outro lado, se a demanda é elástica, a firma ou partido perde clientes ou eleitores no extremo do seu próprio território de mercado, conforme se movimenta para o centro; e este prejuízo nos negócios ou votos, pelo menos, restringiria a tendência à aproximação socialmente indesejável do modelo original [10].

Nos anos cinqüenta, com a calma soporífica de Eisenhower e a afirmação um tanto antecipada da parte de conhecidos doutores de que a ideologia tinha morrido, mais uma vez retomou-se o modelo de Hotelling. Num famoso trabalho, Anthony Downs questionou a validade da suposição de Hotelling de que os eleitores são distribuídos igualmente, de acordo com a ideologia, entre direita e esquerda [11].

Se, nessa escala, a distribuição de freqüência dos eleitores converge para o centro e afina na direção dos extremos, a tendência à aproximação de Hotelling se afirma outra vez. (Deve-se notar que nessas condições, a tendência não causaria o tipo de dano social implicado na hipótese de distribuição igual). Downs reabilitou a tese de Hotelling não questionando a hipótese da demanda elástica que pôs em dúvida a tese — pelo contrário, ele admitiu esta hipótese totalmente — mas contrabalançando a demanda *elástica* ao supor uma distribuição de freqüência mais ou menos "normal" dos eleitores da esquerda e da direita [12].

Assim que Downs retocou o modelo de Hotelling, seu poder de explicar a realidade voltou a ser questionado pelos indisciplinados caprichos da história. A eleição de Goldwater em 1964, pelo partido Republicano e, embora menos, a de Nixon, em 1968, provaram a ex-

---

(10) Nos artigos de ARTHUR SMITHIES "Optimum Location in Spatial Competition", *Journal of Political Economy*, 49: 423-439 (1941) e de A. P. LERNER e H. W. SINGER "Some Notes on Duopoly and Spatial Competition", *Journal of Political Economy*, 45: 145-186 (1939) respectivamente, a demanda era elástica ou atingiria elasticidade positiva depois de certa medida de custos de transporte (no mercado linear). Smithies modificou o modelo de Hotelling especificamente para explicar a retomada de posições ideológicas nos partidos Republicano e Democrata, nos anos trinta, em contraste com a dissolução de ideologias dos anos vinte, quanto Hotelling escreveu.
(11) *An Economic Theory of Democracy*. New York, Harper and Brothers, 1956. cap. 8.
(12) Downs examinou atentamente os resultados de outros tipos de distribuição de freqüência em sistemas bipartidários e multipartidários. Mas no seu estudo do sistema bipartidário frisa que as posições dos partidos tendem à convergência e ambigüidade, apoiando inteiramente as descobertas originais de Hotelling.

trema dificuldade de, pelo menos um partido, retratar o cenário proposto por Hotelling-Downs. Era cada vez mais evidente a localização dos dois partidos em pólos opostos no decorrer de muitos acontecimentos importantes [13].

O conceito de voz permite melhor revisão do modelo de Hotelling do que permitiu a introdução da demanda elástica nos anos trinta. O fato é que a hipótese original de Hotelling da demanda inelástica é perfeitamente admissível num duopólio vendendo produtos essenciais e num bem estabelecido sistema bipartidário. Errado é dizer que *o consumidor ou eleitor "cativo" (aquele que não tem outra alternativa) é o protótipo do impotente*. É verdade que ele não pode sair para outra firma (ou partido) e assim pressionar sua própria firma (ou partido) no sentido de melhorar o desempenho. Exatamente por isso, ao contrário do consumidor (ou eleitor) que pode sair, ele é motivado ao máximo a jogar com todo tipo de influência, de forma a não permitir que sua firma (ou partido) o contrarie. Para evitar a tendência à aproximação de Hotelling não é preciso substituir a demanda elástica pela inelástica no seu modelo, mas perceber a grande influência que a demanda inelástica pode ter, nos extremos do mercado linear, *através da voz*.

Como já frisamos, a voz forçará a firma ou partido a conciliar seus objetivos de ganhar lucros ou votos com os de reduzir descontentamento. A conciliação é ainda mais provável quando se leva em conta a inevitável incerteza dos projetos de vendas e de votos. Em outras palavras, um partido cercado de protestos dos membros revoltados com seus projetos e práticas pouco enérgicas acaba atendendo a estas vozes presentes, pois os benefícios que suas políticas podem trazer são altamente conjeturais.

As condições gerais para o uso da voz foram apresentadas no capítulo 2. A melhor maneira de formular o assunto em pauta é a seguinte: o funcionamento da voz requer reservas de influência política que os indivíduos possam usar em caso de necessidade. A existência de *slack* nos sistemas políticos é uma verdade reconhecida. Robert Dahl escreve:

(13) Ver S. M. LIPSET, *Revolution and Counter-Revolution: Change and Resistance in Social Structures*. New York, Basic Books, 1968. pág. 398, e a literatura ali citada (n. 27).

"Quase todo cidadão tem acesso a reservas políticas normalmente fora de uso [14]."

A preocupação de Hotelling com os danos sociais que a tendência à aproximação poderia acarretar era excessiva. Pessoas insatisfeitas com a posição irresoluta do partido podem influenciá-lo através de um mecanismo que é, apesar de tudo, influente fora do mercado. Por outro lado, o mecanismo da voz não garante a volta do partido ao "um tanto problemático ideal social". Em analogia com o tratamento de Hotelling do problema de localização, "ideal social" pode ser definido como o ponto no qual a soma das distâncias ideológicas entre o partido e seus membros é minimizada. A influência dos que não têm outra alternativa pode fazer o partido ultrapassar este ponto, trazendo conseqüências desastrosas para seus objetivos de conseguir votos. Foi mais ou menos o que aconteceu ao partido Republicano em 1964, com a escolha de Goldwater para candidato à presidência.

É difícil que uma hipótese seja tão contrariada por fatos como o foi a teoria Hotelling-Downs pela eleição de Goldwater. Mesmo assim, nem este fato abalou a validez da teoria. Num artigo de pesquisa, três estudiosos de ciências políticas procuraram razões para a incapacidade do partido Republicano de maximizar votos naquela ocasião [15]. Observando a ala direita do partido e constatando nela maior atividade que na ala central, aproximaram-se da resposta certa. As investigações mostraram que grande percentagem de Republicanos direitistas "sem outra escolha" praticavam intensa atividade política através de cartas a autoridades, jornais e revistas. Os autores da pesquisa usaram estes interessantes dados apenas para explicar a falta de percepção do partido Republicano e de seu candidato com respeito às chances de vitória. Através destes dados, poderiam ter concluído que, num sistema bipartidário, um dos partidos não se comportará necessariamente de acordo com o maximizador de votos do modelo Hotelling-Downs pela simples razão de que os membros

---

(14) *Who Governs?* New Haven, Yale University Press, 1961.
(15) CONVERSE, P. E. CLAUSEN A. R. & MILLER W. E. "Election Myths and Reality: the 1964 Election", *American Political Science Review*, 59: 321-336 (junho de 1965).

"sem alternativa" não são impotentes, mas influentes [16].

O poder dos que não têm alternativa reapareceu de forma diferente com a derrota do partido Democrata nas eleições de 1968. Achava-se que a mobilização dos eleitores indiferentes e a influência sobre os indecisos dependia em grande escala do entusiasmo que cada um dos partidos pudesse inspirar a seus voluntários e membros ativos. Já que os membros ativos estão longe de uma posição "central", seu entusiasmo pode ser abatido por uma mudança do partido a uma posição excessivamente central. Assim, a adoção de políticas em função da obtenção de votos no centro talvez seja contraproducente, ameaçando a vitória do partido nas urnas. A voz dos que não têm outra alternativa trabalha, assim, "através do mercado", impondo dividendos decrescentes e, a certa altura, negativos, às mudanças do partido para o centro. É como se aqueles que estão no extremo do mercado linear estivessem encarregados de fazer propaganda dos produtos da firma aos que estão no meio; naturalmente, a propaganda diminuirá conforme a firma se movimentar para longe dos propagadores.

Neste tipo de situação, não seria difícil para a análise econômica tradicional reconhecer as limitações do modelo Hotelling-Downs. O mesmo é válido para uma outra abordagem do modelo que já foi mencionada: quando muito contrariados e ofendidos, os membros supostamente "cativos" ou se resignam ou deixam o partido e organizam seu próprio movimento, não importa quão inútil tal gesto possa parecer. Aqui, em vez de totalmente inelástica, a demanda seria elástica no extremo, e os conceitos tradicionais podem encarregar-se da explicação dos acontecimentos [17]. O xiz do problema já pode ser exposto. Situações como esta, onde os

---

(16) No último parágrafo do artigo, os autores sugerem algo relacionado à essa conclusão:

"O intenso grau de motivação política por trás das cartas da ala ultra-conservadora é um dos fatores responsáveis por uma delegação Republicana marcadamente diversa tanto do partido como um todo como de seus líderes habituais."

Mas, à parte esta observação, o artigo frisa apenas a falta de percepção do partido, esquecendo o erro dos que esperam que o partido siga o modelo Hotelling-Downs.

(17) Na mesma linha das análises de Lerner, Singer e Smithies, nos artigos citados no n. 9, acima, Downs fala do partido do tipo "influencial" ou de partidos "chantagistas" (*Economic Theory of Democracy*, págs. 131-132). Com relação à abstenção eleitoral, pesquisas recentes apontam como causa principal a facilidade ou a dificuldade do processo de registro, muito mais que a opinião (contra ou a favor) pessoal sobre os candidatos. Ver STANLEY KELLY JR., R. E. AYRES e W. G. BOWEN, "Registration and Voting: Putting First Things First", *American Political Science Review*, 61: 359-379 (junho de 1967).

eleitores (no extremo) considerados impotentes realmente impingem prejuízo de votos ao partido, caso ele se mova muito para o centro, são apenas manifestações especiais da totalidade de poder e influência decorrentes da inexistência de alternativas. Em outros termos, o poder e a influência existem, mesmo sem tais efeitos diretos e mensuráveis nos votos do partido (ou nos lucros da firma). Há uma *grande variedade de maneiras* pelas quais clientes, eleitores e membros podem exprimir seu descontentamento à firma ou partido, colocando a direção em posição altamente incômoda; apenas algumas destas formas, e não necessariamente as mais importantes, resultarão em prejuízos nas vendas ou nos votos, em vez de, vamos dizer, dor de cabeça dos diretores [18].

A situação estudada leva a uma especulação mais profunda. Dissemos anteriormente que organizações diferentes são diferentemente sensíveis à voz e à saída e que a mistura ideal de voz e de saída diferirá de um tipo a outro de organização. Por exemplo, o empreendimento público, em caso de deficit de caixa, sabe que pode contar com o Tesouro Nacional e, por isso, será muito mais sensível, pelo menos até certo ponto, à voz (protestos dos consumidores, apelos a autoridades superiores pedindo a substituição da direção atual etc.) do que à saída. Esta diferença na maneira de reagir tem conseqüências interessantes quando a mudança da qualidade, provocando reação do consumidor, é considerada deterioração por uns, enquanto outros a sentem como melhoria. Suponha-se ainda que conforme a qualidade se movimenta numa direção, a organização se expõe apenas à saída, pois os membros contrários a esta mudança podem encontrar uma organização substituta, ao passo que uma mudança no sentido oposto só ativa a voz dos consumidores "cativos" contrariados. Dessa forma, é possível predizer o "roteiro de qualidade" da firma ou organização. Suponha-se que pequenas mudanças de qualidade ocorram constantemente devido a fatores ocasionais. Se a organização reage mais à voz que à saída, é mais provável que corrija os desvios da qualidade normal desfavoráveis a seus clientes "cativos", enquanto desvios de qualidade que afetam os

(18) Ver também o último parágrafo do Apêndice A.

clientes inclinados à saída permanecem por mais tempo.

Quanto mais esta situação se aproximar da realidade, melhor se pode fundamentar o radicalismo dos movimentos políticos. Normalmente, quem determina estes movimentos são os membros ativos, não a preocupação com a perda da simpatia de todos os eleitores (principalmente quando o partido não está no poder). Por isso, é provável que mudanças para o centro, contrariando os interesses dos membros "cativos" ativos, receba maior resistência que uma mudança radical, mesmo que a última provoque a saída dos membros ou eleitores não "cativos". Tudo leva a crer que o radicalismo político previsto no modelo teria mais força se os intervalos entre as eleições fossem maiores, pois acredita-se que considerações eleitorais restrinjam o poder dos membros "cativos" do partido. Mas o assunto se complica com a introdução da lealdade organizacional.

7
UMA TEORIA DE LEALDADE

Como foi dito nos capítulos anteriores, a presença da opção de saída pode reduzir o uso efetivo e em larga escala da opção de voz. Ou seja, a saída mostrou excluir a voz, e parece que, nas organizações, esta só pode ter importância quando a saída é eliminada. De fato, num grande número de organizações, um dos mecanismos é totalmente dominante: de um lado, há a concorrência, onde o equilíbrio do desempenho depende muito da saída e muito pouco da voz; do outro, quase não se pensa em saída, apesar de ela não ser sempre totalmente impraticável (no caso de grupos como família, tribo, igreja e estado). Normalmente, nessas organizações, a principal maneira de o indivíduo registrar sua insatisfação com os acontecimentos é fazer-se ouvir de alguma forma [1].

Vale a pena abrir um parêntese para observar que, em certas circunstâncias, a impossibilidade de saída faz com que essas organizações estejam preparadas para expulsar ou excomungar um membro individual. Pode-se considerar a expulsão um dos muitos meios que a direção destas organizações usa para restringir a voz dos membros; por sua vez, uma autoridade superior pode restringir o poder da direção proibindo a expulsão, como se faz, por exemplo, para proteger os consumidores no caso de serviços públicos fornecidos por monopólio. Mas quando a opção de saída é de fácil acesso e a de voz quase inexistente, como no relacionamento entre firmas e consumidores em mercados de concorrência, a expulsão de um membro ou cliente é insignificante, não sendo necessária sua proibição formal.

Para que ambas, voz e saída, sejam importantes numa organização, é preciso que ela encontre membros capazes de optar ou pela saída, ou pela expulsão, o que é muito difícil de se achar. Partidos políticos e associações voluntárias em geral são excelentes exemplos disso.

A ativação da voz como função da lealdade

As condições que favorecem a coexistência da saída e da voz são melhor compreendidas ao introduzir-se o conceito de lealdade. A presença da lealdade diminui nitidamente a probabilidade de saída. Será que a voz é, da mesma forma, ampliada?

Referências ao estudo da voz feito até aqui tornarão possível uma resposta positiva. No capítulo 3, mos-

---

(1) Aqui não se tem intenção de associar a ausência de saída com "primitivismo". Edmund Leach observa que muitas das tribos consideradas primitivas estão longe de serem sociedades fechadas. Em seu clássico estudo *Political Systems of Highland Burma* (1954), ele acompanha detalhadamente a mudança periódica dos membros de um sistema social (gumsha) para outro (gumlao) e, posteriormente, o retorno ao grupo original. É mais fácil a saída ser eliminada numa das chamadas sociedades avançadas e abertas que nas tribos estudadas por Leach.

tramos que quando há possibilidades de saída, os principais fatores determinantes do uso da voz são:

(1) a disposição dos clientes-membros de trocar a segurança da saída pela incerteza da melhoria do produto degenerado.

(2) a estimativa que os clientes-membros fazem de sua própria capacidade de influenciar a organização.

O primeiro fator se relaciona claramente a uma ligação especial com a firma, conhecida como lealdade. De forma que, mesmo havendo certo limite de influência, a probabilidade da voz aumenta conforme o grau de lealdade. Além disso, os dois fatores estão longe de serem independentes. Um membro muito ligado a uma organização ou produto procurará meios de se fazer influente, principalmente quando a organização se movimenta numa direção que ele considera errada; por outro lado, é provável que o membro que goza (ou acha que goza) de grande influência dentro da organização e que está, portanto, convencido de poder fazê-la "voltar aos brios", desenvolva grande afeição pela firma dentro da qual é poderoso [2].

Então, como regra, a lealdade põe de lado a saída e ativa a voz. É verdade que, frente ao descontentamento com o estado da organização, um membro pode continuar fiel mesmo que, pessoalmente, não seja influente, contanto que acredite que *alguém* vai agir ou que *alguma coisa* vai acontecer para melhorar a situação. O paradigma de lealdade, "certo ou errado, é o nosso país", não faz sentido, se é de se esperar que o "nosso" país continue eternamente errado. Está implícita nessa frase a esperança de o "nosso" país retomar a direção correta, após o desvio — afinal, antes disso, ela já fazia parte do brinde de Decatur: "nosso país! Que ele seja sempre correto nas relações com nações estrangeiras!". A possibilidade de influência aparece sutilmente no uso do pronome possessivo "nosso". A presença desta influência e a esperança de que, após algum tem-

---

(2) De acordo com a figura 3 do Apêndice B, uma pessoa cuja influência (isto é, probabilidade de conseguir a recuperação total da qualidade) é expressa por um ponto à altura de V_3 estará disposta a trocar a segurança do produto concorrente pelo habitual, mesmo que esse último tenha pequenas chances de recuperação. Ela, então, optará pela voz. Por outro lado, é pouco provável que o cliente consciente da pequena influência que é capaz de exercer esteja disposto a fazer a troca. Normalmente, ele só optará pela voz em vez de pela saída, se o risco de trocar a disponibilidade e segurança do produto concorrente for contrabalançado pela quase certa recuperação da marca habitual.

po, as correções compensem os erros, distingue bem a lealdade de fé. Na famosa interpretação de Kierkegaard, do Sacrifício de Isaac por Abraão, vemos que, em comparação com um ato de pura fé, a lealdade contém uma enorme dose de racionalidade.

Quando a lealdade é funcional?

Do nosso ponto de vista, a lealdade é importante devido a seu poder de neutralizar, dentro de certos limites, a tendência que clientes ou membros mais conscientes de qualidade têm de serem os primeiros a sair. Como mostramos no capítulo 4, essa tendência priva a firma ou organização em deterioração daqueles mais capazes de ajudá-la a superar as dificuldades. Como conseqüência da lealdade, estes clientes e membros potencialmente mais influentes permanecerão com a firma por mais tempo do que ficariam normalmente, na esperança, ou melhor, na expectativa de uma melhora ou reforma "de dentro". Assim, ao contrário de irracional, a lealdade serve ao útil propósito social de evitar que a deterioração se acumule, como tão freqüentemente acontece, quando não existem obstáculos à saída.

Como acabamos de explicar, o obstáculo que a lealdade impõe à saída tem um limite máximo — pode ser comparado a tarifas protetoras. Como o incentivo à criação de novas indústrias se justifica pela necessidade de dar a indústria locais chances de atingir a eficiência, assim uma certa medida de lealdade tem como função dar a uma firma ou organização chances de se recuperar de suas falhas de eficiência. Podem-se justificar as barreiras institucionais à saída pela sua serventia como estimulantes da voz nas organizações em deterioração, capazes de recuperar-se, mas que seriam antecipadamente destruídas com a saída livre. Embora não seja diretamente intencionada, parece ser esta a maior razão dos complicados processos de divórcio, envolvendo perdas de tempo, dinheiro e saúde. Da mesma forma, a lei trabalhista americana estabelece processos longos e complicados para conferir a um sindicato, em detrimento de outro, o direito exclusivo de negociar com plantas industriais. Conseqüentemente, os trabalhadores insatisfeitos com um sindicato não podem mudar rápida e facilmente para outro, esforçando-se, pois, para revitalizar o sindicato a que estão filiados.

Após a discussão da alternativa entre voz e saída, é possível falar das condições nas quais certas barreiras institucionais à saída, ou, na ausência delas, a barreira informal e generalizada formada pela lealdade, são particularmente desejáveis ou "funcionais". Em primeiro lugar, foi dito que na escolha entre voz e saída, a voz, normalmente, leva desvantagem, não necessariamente por ser menos efetiva que a saída, mas porque sua efetividade depende da *descoberta de novas* formas de exercer influência e pressão, no sentido de recuperação. Apesar de retrospectivamente, tal descoberta parecer "fácil", ela é grandemente dificultada por estimulativas *ex-ante,* pois a criatividade é sempre uma surpresa. A lealdade, então, facilita a retomada do equilíbrio ao aumentar o custo da saída. Ela obriga as pessoas a optar pela criatividade ou pela passividade, opção que normalmente evitam, e desempenha a função de subestimação das possíveis dificuldades que acarreta. Descrevi em outro lugar como esta subestimação pode atuar como uma benéfica "Mão Invisível", exatamente desta maneira[3]. Quando a saída é disponível, mas não totalmente efetiva, a lealdade ou outras barreiras institucionais à saída são particularmente funcionais sempre que o uso efetivo da voz requiser uma grande parcela de inventividade social.

Em segundo lugar, a utilidade da lealdade depende da proximidade do substituto disponível. Quando os *outputs* de duas organizações concorrentes são muito distantes, em termos de preço e qualidade, há mais possibilidade de a voz entrar em jogo no decorrer da deterioração progressiva de um dos dois, antes que a saída assuma largas proporções. Aqui, a lealdade não é necessária, enquanto seu papel de barreira à saída pode ser construtivo quando as organizações são substitutas próximas, de maneira que uma pequena deterioração numa delas faça os clientes-membros correr para outra. Esta conclusão é um pouco inesperada. Paradoxalmente expressa, ela estabelece que a lealdade atinge o máximo de funcionalidade, quando aparenta ser irracional: quando a lealdade implica numa ligação justificada

---

(3) *Development Projects Observed.* Washington, Brookings Intitution, 1967., cap. I.

a uma firma tão parecida com qualquer outra também disponível. A lealdade aparentemente irracional encontra-se muitas vezes relacionada a clubes, times de futebol e partidos políticos, por exemplo. Apesar de ter sido dito no capítulo 6 que, num sistema bipartidário, a tendência dos partidos à aproximação e semelhança é menos provável do que se imaginava, há ocasiões em que ela, de fato, se verifica. É quando isto acontece que a teimosa lealdade ao partido parece mais irracional e estúpida; mas sua utilidade está exatamente aí. Por outro lado, pode-se passar sem lealdade ao próprio país, uma vez que os países podem ser considerados produtos bem diferenciados. Somente quando os países passam a assemelhar-se, devido ao progresso da comunicação e à mentalidade geral de modernização, é que aparece o perigo da saída excessiva e precipitada, sendo o *brain drain* um bom exemplo disso. Aí, é bom haver certa medida de lealdade. Também existem países muito parecidos com outros por terem a história, a língua e a cultura em comum; nesse caso, também, precisa-se mais de lealdade do que em nações mais isoladas, como demonstrou a comparação entre a América Latina e o Japão, citada acima (cap. 5).

Finalmente, o que se disse no capítulo 4, a respeito do risco de perder os clientes influentes, quando um produto de preço e qualidade superiores está disponível, leva a outra conclusão sobre a necessidade relativa de lealdade. Se pudermos colocar numa escala, por ordem de prestígio, qualidade ou outra característica desejada, as organizações, aquelas situadas na populosa parte inferior terão maior necessidade de lealdade e coesão ideológica que as da parte superior da escala. É evidente a apreciação dessa necessidade, tanto nos grupos "superados" da sociedade americana quanto na arena internacional, nos países do Terceiro Mundo. No próximo capítulo demonstraremos que, ao contrário, grupos e organizações de prestígio podem beneficiar-se com um declínio do nível da lealdade com que contam.

A ameaça de saída do membro leal

A lealdade é um conceito-chave na luta entre voz e saída não apenas por manter os membros e clientes por mais tempo em suas organizações e assim fazer com que usem a opção de voz com mais determinação e possibilidade de resultados do que seria o caso de outra forma. É útil também porque implica na possibilidade de deslealdade, isto é, saída. Assim como a bondade seria impossível num mundo onde não houvese maldade, não faz sentido, no caso de monopólio fechado, falar de lealdade a uma firma, partido ou organização. Apesar de adiar a saída, a própria existência da lealdade é conseqüência da possibilidade de saída. O fato de mesmo o membro mais leal poder sair é um importante aspecto do seu poder com relação à organização. O funcionamento efetivo da voz como mecanismo de recuperação é grandemente reforçado se ela for protegida pela *ameaça de saída,* seja ela proclamada abertamente ou meramente subentendida por todos aqueles envolvidos na situação.

Na ausência do sentimento de lealdade, a saída, por si só, não tem custo, exceto o das informações a respeito dos produtos e organizações substitutos. Da mesma maneira, quando a lealdade não está presente, o indivíduo, como já dissemos, é levado a subestimar sua influência dentro da organização. Nesse caso, a decisão de sair será tomada e levada a efeito em silêncio. A ameaça de saída é característica do membro fiel — isto é, o membro que se interessa — que mexe todos os pauzinhos antes de resignar-se à dolorosa decisão de retirar ou mudar.

A relação entre voz e saída tornou-se mais complexa. Até aqui foi dito que as probabilidades da voz são diminuídas pela facilidade com que se pode recorrer à saída. Agora, vemos que a possibilidade de saída aumenta a *efetividade* do mecanismo voz. A saída reduz a disposição ao desenvolvimento e uso do mecanismo da voz, mas aumenta a capacidade de usá-lo com eficiência. Felizmente, a contradição não é inexplicável. Juntas, as duas proposições apenas ditam as condições nas quais (a) se recorrerá à voz e (b) a voz pode trazer bons resultados: deve haver oportunidade de saída, mas que ela não seja muito fácil ou atraente no início da deterioração.

A medida de reação do partido à voz dos membros pode ilustrar essa proposição. Em sistemas totalitários, de um partido, os partidos têm ignorado a voz sumariamente, assim como os partidos em sistemas multipartidários. No primeiro caso, a ausência tanto de voz como de saída demonstra total controle da máquina do partido por seus dirigentes. Mas no segundo caso, apesar de a voz e a saída estarem livremente à disposição, a democracia interna não tem chance de se desenvolver, pois em caso de desacordo, os membros são tentados a mudar para outro dos vários partidos existentes no mercado. Dessa forma, eles não vão brigar pela mudança "de dentro". Com relação a isso, talvez seja significativo a "lei de ferro da oligarquia", de Michels, (que diz que todos os partidos e outras grandes organizações são invariavelmente dirigidos por oligarquias egoístas) ter sua base principal no contato direto com os sistemas multipartidários da Europa Continental Ocidental. Um sistema de apenas uns poucos partidos, distantes entre si, mas aproximáveis, pode ser a maneira ideal de desenvolver a reação do partido aos sentimentos dos membros. Assim, a saída continua possível, mas não se optará por ela facilmente. Desse modo, a voz será freqüentemente usada como reação ao descontentamento com o estado da organização, e os membros lutarão para torná-la mais efetiva. Os esforços internos característicos aos partidos de sistemas bipartidários, mesmo que eles possam estar longe de serem realmente democráticos, confirmam a predição da nossa teoria. Mesmo em partidos de sistemas não totalitários (quase de um só partido) como, por exemplo, o partido do Congresso, na Índia e o PRI (Partido Revolucionário Institucional) do México, há maior evidência de voz que em muitos dos partidos altamente autoritários ou oligárquicos de sistemas multipartidários*.

Em sistemas bipartidários, a saída pode existir não só como resultado da mudança de um membro ou gru-

(*) Um ponto consideravelmente importante relacionado ao assunto me foi sugerido pelo recente artigo de MICHAEL WALZER, "Corporate Authority and Civil Disobedience", *Dissent* págs. 396-406 (setembro-outubro de 1969). Conforme o artigo, a severidade dos controles democráticos, à qual a autoridade política suprema está sujeita nas democracias ocidentais, contrasta com a freqüente e total ausência desses controles em corporações que funcionam dentro desses mesmos estados. Segundo o autor, justifica-se freqüentemente esta ausência ou fragilidade da voz em quase todas as organizações comerciais, industriais, profissionais, educacionais ou religiosas com o argumento: "se (os membros) não estão satisfeitos, eles podem sair", (pág. 397), coisa que não podem fazer com relação ao próprio estado. Walzer considera este argumento uma desculpa barata que a democratização não deveria permitir; mas, em termos de ciências políticas, é útil notar que, apesar de funcionarem num ambiente democrático, parece mais fácil para as organizações adiar e resistir à democracia interna, conforme as oportunidades de saída são maiores.

po de membros de um partido para outro, mas também porque é sempre possível criar um terceiro partido. Se os membros esperam que a voz dê resultado, é preciso que a criação de um terceiro partido não seja fácil, condição esta que é normalmente preenchida pela própria existência e tradição do sistema bipartidário, como também pelos obstáculos institucionais geralmente impostos à criação de terceiros partidos. Por outro lado, quando se espera o máximo de efetividade da voz, é necessário que se acredite na ameaça de saída, principalmente quando ela é tão importante. Traduzindo essa série de condições para a maximização da efetividade da voz para a política presidencial americana, diríamos que seria necessário que um grupo de membros de um partido fosse capaz de permanecer com ele até à assembléia para nomeação do candidato à presidência e ainda, de formar um terceiro partido entre o fim da assembléia e a época das eleições. Se a saída é por demais dificultada, impondo-se ao grupo que, anteriormente à assembléia, se inscreva como partido, o grupo descontente terá que sair antes dela ou comparecer a ela sem possibilidade de ameaçar saída. Aqui, condições severas para a saída não reforçam a voz, mas provocam saída prematura ou voz menos efetiva. O argumento é bem colocado por Alexander Bickel:

"O terceiro partido característico americano consiste em um grupo de pessoas que tentaram e não conseguiram exercer influência dentro de um dos partidos principais, decidindo trabalhar fora dele. Estados que fixam para cedo o prazo de inscrição forçam esses grupos a passar por atividades pré-nomeação como as preliminares dos partidos principais e organizar-se separadamente, no começo do ano eleitoral. Se não o fizerem, perderão a oportunidade de depois agir como terceiro partido [4]."

O autor acrescenta que isto é contraproducente do ponto de vista do sistema bipartidário; o mesmo acontece quando se espera do partido reação à mistura mais efetiva de voz e saída.

Daí se conclui: (1) o planejamento institucional é um detalhe de considerável importância para o equilíbrio de voz e saída; (2) este equilíbrio, por sua vez,

---

(4) M. Bickel, Alexander, "Is Electoral Reform the Answer?", *Commentary* (dezembro de 1968), p. 51.

explica a medida variável de democracia interna das organizações.

Boicote

Assim como a ameaça de saída, o fenômeno do boicote se situa na fronteira entre voz e saída. Através do boicote, a saída é de fato consumada, em vez de apenas ameaçada; mas é usada com o propósito específico e explícito de conseguir mudanças nas políticas da organização boicotada, sendo, portanto, um verdadeiro cruzamento dos dois mecanismos. A ameaça de saída como instrumento da voz é aqui substituída pelo seu reflexo — a promessa de reentrada: está entendido que o membro-cliente voltará ao rebanho caso as razões que levaram ao boicote sejam remediadas.

Em geral, o boicote é usado por consumidores que não contam, pelo menos no momento, com uma fonte alternativa de fornecimento dos bens e serviços habitualmente comprados da firma ou organização boicotada, mas que podem passar sem eles temporariamente. É uma saída temporária, sem entrada correspondente em algum outro lugar. Como a greve, é custosa para ambos os lados. O boicote combina características da saída, que causa perdas à firma ou organização, com características da voz, que custa tempo e dinheiro aos membros-clientes.

Elementos para um modelo de lealdade

Pode ser útil estabelecer um esquema mais formal do que acontece quando a lealdade afeta a escolha entre dois bens ou organizações concorrentes. Com tal propósito vamos supor mais uma vez que o produto ou organização a que se pertence entra em deterioração. Focalizaremos agora as organizações e suas práticas, em vez de firmas e produtos. O declínio da qualidade precisa ser redefinido em termos subjetivos: do ponto de vista do membro, ele equivale a desacordo crescente com as práticas da organização.

Na figura 1, a abscissa mede a qualidade de uma organização (que vai do ponto onde o cliente concorda perfeitamente com suas políticas ao ponto de desacordo total). A ordenada mede a quantidade efetiva de voz em resposta aos vários níveis de divergência.

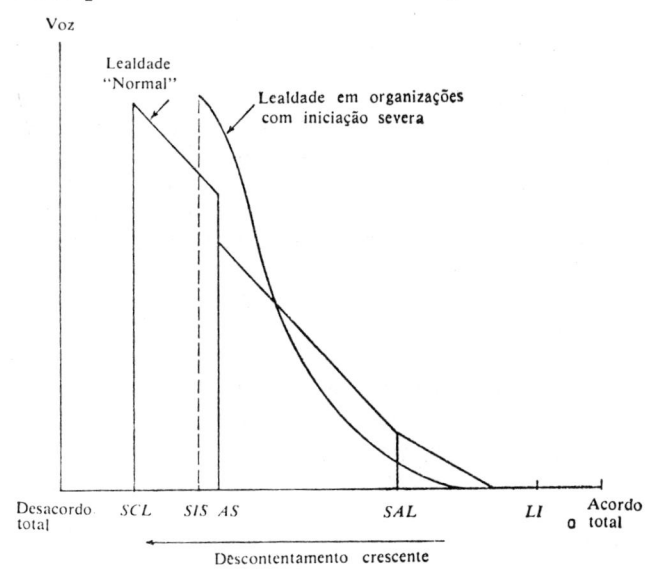

Fig. 1. Lealdade frente ao crescente descontentamento com a organização

A certa altura do caminho "errado" da organização, os membros tentarão usar de influência para corrigir o processo. Conforme aumenta o descontentamento, mais fortes são as tentativas até o ponto onde, a lealdade ausente, haverá saída. (SAL — ponto de saída na ausência de lealdade). Aí, a lealdade é um freio à saída. O membro *leal não sai, mas algo lhe acontece*: começa a sentir-se infeliz por continuar membro, contrai "compunção" ou *Bauchschmerzen* (dores de barriga) como diziam os membros insatisfeitos do Partido Comunista Alemão. Mais que nunca ele fará tentativas para mudar o curso dos acontecimentos, intensificando o uso da voz, em suas mais variadas formas, com este objetivo; neste ponto, a função de voz se modifica, formando uma curva mais inclinada. Então, conforme cresce a divergência, o membro pensa na saída (AS — ponto de ameaça de saída) e, se for capaz de intensificar a efetividade da voz, ameaça sair. A ameaça de saída significa um aumento descontínuo da provável quantidade de voz; isto explica a inclinação vertical da função de voz neste ponto. Enfim, no ponto SCL (ponto de saída com lealdade), a lealdade atinge seu limite e é seguida da saída. A força da lealdade do consumidor-membro pode ser medida pela distância entre SAL e AS ou entre SAL e SCL. Estas duas distâncias definem duas espécies diferentes de lealdade. A primeira representa lealdade sem cogitação de saída — em muitas organizações básicas, a saída está inteiramente fora do alcance do membro, mesmo que ele esteja muito descontente com sua condição de membro. A distância entre AS e SCL representa a fase do processo de deterioração durante a qual o membro pensa na saída, havendo possibilidades reais de que ele ameace sair, com o propósito de mudar as práticas da organização. Dada a grande potência desta ameaça, o volume total de voz efetiva, gerado durante o processo de deterioração, talvez esteja mais relacionado a esta distância que ao total da linha de lealdade (SAL-SCL).

Com a ajuda desse modelo podemos analisar melhor o comportamento do membro leal. Suponha-se que ele saiu (saída de um produto geralmente significa "entrada" de um produto concorrente, enquanto saída de uma organização pode simplesmente significar passar do quadro de membros para o dos que não são membros) e que o produto ou organização que ele deixou conseguiu recuperar-se: a que ponto do "caminho de volta" ele voltará à organização? Parece pouco provável que o faça quando a organiação atingir o ponto SCL, onde ele saiu. Exatamente por ter sofrido entre SAL e SCL, ele esperará até que o produto ou organização volte, *pelo menos,* ao ponto SAL, onde seus problemas tiveram início. Talvez espere por uma qualidade superior como medida extra de segurança, para evitar que um novo desvio lhe traga *Bauchschmerzen* de volta; em muitos casos, o processo pode ter deixado cicatrizes capazes de tornar a reentrada totalmente inconcebível. Os pontos de saída e reentrada serão bem diferentes e se a distância entre eles pudesse ser medida, refletiria a força da lealdade em diferentes organizações e produtos.

Se, no modelo acima, substituirmos a deterioração progressiva e depois a melhoria de qualidade por declínio e aumentos do preço dos itens, encontraremos uma semelhança no comportamento do membro leal e no do pequeno investidor ingênuo, que vende suas ações barato para estancar perdas, comprando-as de volta bem mais caro, quando o preço das ações ultrapassou consideravelmente o valor de compra. Contudo, ao contrário destes investidores, o membro leal não é necessariamente um "trouxa"; sua ligação com a firma ou organização em deterioração tem como contrapartida maiores oportunidades de recuperação. Só se a recuperação não ocorrer, é que ele parece e acaba sendo "trouxa". Neste caso, ele perdeu a aposta (na recuperação) implícita na lealdade.

Uma observação de interesse para o economista: a lealdade, como foi aqui definida, contraria a tradicional curva de demanda que estabelece uma relação um por um para preço (ou qualidade) e quantidade comprada em duas curvas distintas. Quando um produto que conta com lealdade degenera e depois se recupera, sua procura se comporta de maneiras diferentes durante o processo. No início do declínio da qualidade, a elasticidade da demanda é baixa e vai crescendo até que, eventualmente, a deterioração intolerável leva à saída dos membros leais. Durante a fase de recuperação da qualidade, a elasticidade é pequena, enquanto a qualidade é baixa e só será maior quando a melhoria se confirma [5].

(5) É fácil diagramar esta proposição na figura abaixo, a abscissa mostra quantidade comprada e a ordenada qualidade (deterioração). Suponha-se que a qualidade esteja primeiro no ponto Q_1 e caia gradualmente para Q_3, recuperando-se lentamente até voltar a Q_1. Então, a

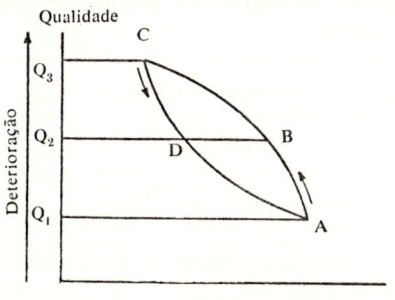

curva ABC mostra o "roteiro da demanda" durante a fase de deterioração, enquanto a curva CDA retrata sua fase de recuperação. Dependendo da fase do ciclo declínio-melhoria, a demanda da qualidade é Q_2a, Q_2B ou Q_2D.

É provável que, devido à inércia e à falta de percepção, a demanda seja função não só da qualidade corrente, mas também, até certo ponto, da qualidade anterior. A lealdade faz com que o desempenho passado da firma ou organização influencie grandemente as atitudes presentes dos clientes ou membros.

Essas observações introduzem o conceito de lealdade *inconsciente*. Os psicólogos descrevem situações semelhantes àquela onde os pontos de saída e reentrada não coincidem. Por exemplo, se se apresenta a uma pessoa uma sucessão de imagens que gradualmente transformam a imagem de um gato na de um cachorro, invertendo-se depois a ordem das imagens, o olho se comporta como se fosse fiel à figura que iniciou a série: quando a seqüência é mostrada na ordem "gato-cachorro", a maioria das imagens serão taxadas de gato e vice-versa [6].

A dificuldade de perceber a deterioração é característica da lealdade inconsciente, assim como a prolongada hesitação entre entrada e reentrada, em caso de melhoria da organização [7].

A lealdade inconsciente, por definição, independe de descontentamento, portanto não leva à voz. Este comportamento representado pelo ponto LI (lealdade inconsciente) só é leal do ponto de vista de um observador externo que imagina que a deterioração, (causadora da voz ou da saída), realmente se estabeleceu. O membro simplesmente não está a par do grau da deterioração.

O esquema do modelo é útil à consideração das variações da lealdade.

(6) R. L. HALL, K. "Perceiving and Naming a Series of Figures", *Quarterly Journal of Experimental Psychology*, 2: 153-162 (1950). Resultados semelhantes foram obtidos em experiências para investigar a combinação e a integração de várias peças de informação. Lendo-se a uma série de pessoas vários adjetivos qualificativos de personalidade, a opinião dos ouvintes a respeito da personalidade descrita pelos adjetivos depende da ordem em que foram lidos. Aparentemente, os primeiros pesam mais. Por exemplo, a seqüência "inteligente — prudente — temperamental — egocêntrico" produz uma impressão melhor que a seqüência reversa. O fenômeno é conhecido como "efeito prioritário". Ver NORMAN H. ANDERSON, "Primacy Effects in Personality Impression Formation", *Journal of Social Psychology*, 2: 1-9 (junho de 1965) e a literatura aí citada.

(7) JERVIS, Robert "Hypotheses on Misperception", *World Politics*, 20: 439-453 (abril de 1968) e, O. HIRSCHMAN, Albert, "Underdevelopment, Obstacles to the Perception of Change, and Leadership", *Daedalus* (verão de 1968), págs. 925-936.

A lealdade modificada por iniciação severa e alto preço de saída

A lealdade foi até agora aclamada como reforço da voz através do adiamento da saída, salvando, assim, firmas e organizações do prejuízo das saídas prematuras ou excessivas. Mas já se disse alguma coisa a respeito de situações onde a lealdade não é tão providencial. É óbvio que as várias instituições de incentivo à lealdade não foram estabelecidas com o propósito de elaborar melhores combinações de voz e saída; quando elas fazem isso, é sem intenção, "como conseqüência de ação dos homens, não do planejamento humano [8]."

É sempre agradável para o estudioso de ciências políticas descobrir esta harmonia escondida ou não intencional, mas a descoberta traz a obrigação de procurar situações que se aproximem da perfeição. No caso em discussão, são inúmeras as chances de um resultado não ótimo. É possível que a lealdade ultrapasse este ponto, produzindo uma combinação de voz e saída, onde a opção de saída é indevidamente negligenciada. Além disso, é fato que as instituições de incentivo à lealdade não só não estão interessadas em estimular a voz, em detrimento da saída: muitas vezes, elas têm intenção de *reprimir* ambas, voz e saída. Enquanto o *feedback* (através de saída ou de voz) é um interesse a longo prazo dos dirigentes da organização, seu interesse a curto prazo é a ampliação da liberdade, de forma que possam agir como querem, sem o incômodo das deserções ou reclamações dos membros. Assim, pode-se estar certo de que a direção pensa em todo tipo de práticas institucionais sem qualquer objetivo, exceto numa combinação ideal (do ponto de vista da sociedade) de voz e de saída.

Altas taxas de entrada (na organização) e penalidades severas para a saída são as principais maneiras de gerar ou reforçar a lealdade de forma a reprimir a voz, ou a saída, ou ambas. Como isso afeta nosso modelo de lealdade? O conceito de lealdade inconsciente pode servir de abertura ao assunto. Como acabamos de ver, este tipo de comportamento não produz voz; por adiar a

---

(8) F. A. HAYECK encontrou essa frase em *Essay on the History of Civil Society* de ADAM FERGUSON (1767) e usou-a como título de um ensaio em *Studies in Philosophy, Politics and Economics*. Chicago, University of Chicago Press, 1967.

saída, como todo tipo de lealdade, ele é precioso para as organizações cuja direção deseja que os membros se abstenham de ambas, voz e saída. Tais organizações procurarão dispositivos capazes de converter a lealdade consciente em inconsciente.

De fato, freqüentemente não há uma nítida linha divisória entre estes dois tipos de lealdade. Para *não se decepcionar,* o cliente ou membro talvez teime em não admitir a deterioração da organização à qual pertence ou do produto que compra. Ele tende a reprimir este tipo de consciência, principalmente quando investiu muito na compra, ou na sociedade. Membros de organizações onde a entrada é cara ou impõe uma iniciação difícil, adiarão o reconhecimento da deterioração, assim como o uso da voz. Pelo mesmo motivo, pode-se compreender que membros de tais organizações, informados da deterioração, lutem para provar que estavam certos em pagar uma taxa de entrada tão alta. Assim como a voz é atrasada pela iniciação severa, numa fase posterior da lealdade, seu uso é muito *mais intenso* do que normalmente. O alto preço da entrada transforma o aspecto tempo da voz, mas não reduz seu volume agregado [9].

Esta descoberta modifica a teoria da dissonância cognitiva. A teoria explica o processo de alteração das cognições e crenças de uma pessoa, que deseja com isso torná-las compatíveis com suas atitudes "discrepantes", dificilmente conciliáveis com essas crenças. No caso em pauta, a atitude "discrepante" é a iniciação rigorosa e, numa conhecida experiência, a cognição eram as atividades entediantes da organização. A teoria predisse — e a experiência confirmou — que quanto mais rigorosa a iniciação, maior o grau de frustração, ou seja, mais fascinantes parecerão ao membro as entediantes atividades [10]. Vamos supor que existe um certo limite de frustração e, o que é mais importante, uma possibilidade de o membro *tornar* as atividades da organização mais interessantes através de sua iniciativa. A mes-

---

(9) Como mostra a linha curva na Fig. 1.
(10) ARONSON E. & MILLS, J. "The Effects of Severity of Iniciation on Liking for a Group", *Journal of Abnormal and Social Psychology,* 59: 177-181 (1959). Ver também melhor explicação dos resultados das experiências de Aronson-Mills e a contestação de algumas críticas em "The Effects of Severity of Initiation on Liking for a Group: a Replication", *Journal of Experimental Social Psychology,* 2: 278-287 (julho de 1966), de H. B. GERARD e G. C. MATHEWSON. Ver no Apêndice E uma discussão mais completa desses trabalhos.

ma experiência provaria que os membros que passam por iniciação rigorosa mostrarão *mais iniciativa* e *atividade* que os outros, embora tenham sido antes os mais passivos e complacentes. Então, a dissonância não só produz alterações nas crenças, atitudes e cognições, mas também modifica o mundo real, quando isto significa uma forma alternativa (principalmente, quando for a única forma) de conquistar ou reduzir a dissonância [11].

Esta hipótese está para ser testada experimentalmente pelo professor Philip Zimbardo, da Universidade de Stanford e por seus associados [12].

Uma vez que os resultados destes esforços ainda são pendentes, talvez seja permissível apelar por ilustração na dispersa evidência histórica. Tomemos a conhecida e provada máxima que diz: "como Saturno, a revolução devora seus próprios filhos". Agora, pode-se facilmente compreender sua razão de ser: "ao fazer a revolução", os revolucionários pagam um preço alto em riscos, sacrifícios e decisões simplórias. Depois de feita a revolução, é provável haver diferença entre o estado atual das coisas e o esperado. Para eliminar essa diferença, aqueles que pagaram mais caro para trazer a nova realidade serão os mais motivados a transformá-la *outra vez*. No processo, eles se unirão a alguns de seus companheiros revolucionários que agora ocupam cargos de autoridade e grande número dos revolucionários de cada um dos lados, ou de ambos os lados, virá a se arrepender da luta.

No capítulo 7 há outro exemplo do mesmo princípio, tirado da experiência americana [13].

(11) Apesar da semelhança superficial, a hipótese aqui proposta é fundamentalmente diferente da desenvolvida e testada em *When Prophecy Fails*, de LEON FESTINGER, H. W. RICKEN e STANLEY SCHACHTER. Minneapolis, University of Minnesota Press, 1956. Nesse clássico da literatura sobre dissonância cognitiva, os autores investigaram os efeitos do abalo inequívoco das crenças de um grupo de pessoas. Segundo a teoria, essas pessoas agarram-se ainda mais às suas crenças. Essa atitude deve ser interpretada como tentativa de eliminar a dissonância "esquecendo" o abalo, de sufocar a cognição dissonante, em vez de mudá-la. Tanto a situação descrita por Aronson-Mills quanto a incluída em *When Prophecy Fails* são construídas de forma que as cognições dissonantes (natureza entediante das atividades do grupo, a crença abalada) sejam imutáveis, em todos os casos. Na realidade, é claro, muitas situações se repetem e estão sujeitas a mudança.

(12) Ver no Apêndice E uma discussão detalhada do projeto e do campo da pesquisa proposta.

(13) Ver pp. 113-114. Nessas mesmas linhas, mostrei que responsáveis por projetos de desenvolvimento se esforçam mais em resolver as dificuldades que surgirem quando estão totalmente ligados ao projeto, em conseqüência de sacrifícios anteriores. Desde que se possa superar a dificuldade, quanto mais tarde ela surgir, melhor. Ver HIRSCHMAN, *Development Projects Observed*. pp. 18-21.

Pagar caro pela entrada não implica necessariamente na aquiescência com aquilo por que se pagou, mas pode resultar num uso de voz mais determinado e melhor expresso. Também pode acontecer de o membro só perceber a deterioração num estágio em que a saída é a única reação possível à repentina revelação da decadência. Eventualmente, a iniciação severa ativa a saída assim como a voz[14]. "Pode-se sair e permanecer ativamente" — esta frase de Erik Erikson se salienta mais uma vez. Foi citada anteriormente em relação ao comportamento do consumidor consciente de qualidade. A coincidência não é acidental, pois a iniciação rigorosa, sem dúvida, acarreta consciência de qualidade.

Outro tipo de distorção do modelo da lealdade ocorre quando uma organização estabelece um *preço alto para a saída,* (além da perda inevitável do que se pagou pela entrada). Esse preço varia desde afastar-se definitivamente da organização até perder a vida, com penalidades intermediárias como excomunhão, difamação ou privação dos meios de sustento. As organizações capazes de impor estas altas penalidades para a saída são os grupos humanos mais tradicionais, como a família, a tribo, a comunidade religiosa e a nação, e invenções mais modernas como a *gang* e o partido totalitário[15].

A capacidade de cobrar caro pela saída fornece à organização uma poderosa defesa contra uma das mais potentes armas do membro: a ameaça de saída. Obviamente, se a saída é seguida de sanções severas, a própria idéia de saída é reprimida e não haverá ameaça expressa por medo de a sanção aplicar-se à ameaça como ao próprio ato. Nos termos do modelo, o ponto AS se movimenta para a esquerda e é provável que desapareça por completo, isto é, se junte ao SCL, o ponto de saída com lealdade. Este ponto também pode movimentar-se para esquerda para prevenir que a saída é realmente o maior motivo do seu alto preço. Em comparação com organizações que contam com lealdade espontânea e que não querem ou que não podem impor

---

(14) A ativação da saída aparece na figura 1, ponto SIS (saída dos membros que passaram por iniciação severa), depois de SCL.
(15) Para se ter uma idéia do temor que envolve a saída do Partido Comunista, ver GABRIEL A. ALMOND, *The Appeals of Communism.* Princeton, 1954. cap. 12.

penalidades severas à saída, em caso de deterioração progressiva, a principal mudança no comportamento dos membros é a omissão da ameaça de saída, mais do que o adiamento da saída propriamente dito. O que acontece à voz em organizações onde o preço da saída é alto? É tentador adiantar algumas sugestões, diferenciando-se as organizações onde a saída é cara e o preço de entrada é zero (como no caso da família ou nação, onde se entra em conseqüência do nascimento) daquelas que cobram caro por ambas. Já vimos que nas últimas se dá o adiamento do descontentamento e da voz. Por outro lado, uma vez que o alto preço da saída elimina a ameaça de saída como mecanismo efetivo da voz, organizações como *gangs* e partidos totalitários freqüentemente reprimem ambas, voz e saída. Elas assim se privam dos dois mecanismos de recuperação [16].

A situação é bem diferente em grupos tradicionais como a família ou a nação que estabelecem um preço alto para a saída, mas não para a entrada. Aqui, o fato de se "pertencer" totalmente, por direito de nascimento, alimenta a voz e compensa a impossibilidade de ameaçar a saída. O alto preço ou a "impraticabilidade" da saída pode falhar em reprimir a voz e até estimulá--la. Talvez por esta razão, os grupos tradicionais que apenas reprimem a saída têm provado maior viabilidade que os que impõem preços altos tanto à entrada como à saída.

Lealdade e a dificuldade de saída dos bens (e males) públicos

Uma característica da lealdade é resistir à saída apesar do descontentamento. Quando há lealdade, a saída muda abruptamente de caráter: o aplaudido comportamento racional do consumidor alerta, que muda para uma compra melhor, torna-se defeito, deserção ou traição.

A lealdade como foi examinada até aqui, pode ser entendida através do conceito geral de penalidade à saída. A penalidade pode ser diretamente imposta, mas na maior parte dos casos, ela é subentendida. O indi-

---

(16) Essa é uma proposta desenvolvida por David Apter, que diz que qualquer aumento de coerção numa sociedade, terá, para os retentores do poder, um preço em termos de *fluxo de informação*. Ver seu *Politics of Modernization*. Chicago, University of Chicago Press, 1965. pág. 40.

víduo sente que, ao deixar um certo grupo está pagando um preço alto, mesmo que o grupo não lhe imponha uma sanção específica. Nos dois casos, a decisão de permanecer membro e não sair quando existe uma alternativa superior parece provir de um balanço perfeitamente racional (benefícios particulares futuros· contra custos particulares). Contudo, a lealdade pode ser motivada de maneira menos convencional. Quando chega a hora de deixar a organização, os membros, *principalmente os mais influentes,* algumas vezes se deterão, não tanto pelo sofrimento moral e material decorrentes da saída, mas por achar que *a organização à qual pertencem iria de mal a pior se eles a deixassem.*

Este comportamento é o oposto do discutido no capítulo 4. Vimos ali que, sob certas condições, os membros mais influentes poderiam ser os primeiros a sair. Essa conclusão é aqui revertida devido à introdução de uma hipótese totalmente nova e um tanto estranha: o membro se importa com as atividades e com o *output* da firma *mesmo depois de tê-la deixado.* Obviamente, não é essa a regra em todas as relações membro-produto ou membro-organização. Se estou insatisfeito com a marca de sabão que compro habitualmente e penso em trocá-la por outra, não espero com isso piorar a qualidade da marca que deixei; já que deixei de comprá-la, não me incomodaria se a qualidade realmente caísse [17]. Através desse contra-exemplo podemos ditar as duas condições básicas do especial comportamento do membro leal:

Em primeiro lugar, a saída dos membros intensifica a deterioração da qualidade do *output* da organização; em segundo lugar, o membro se importa com a deterioração *quer continue membro ou não.*

A primeira condição implica em que a qualidade do produto não é invariável ao número de membros ou à quantidade vendida. O afastamento de alguns membros diminui a qualidade e, portanto, a demanda dos restantes, e assim por diante — um caso típico de equilíbrio instável e de seqüência "acumulável" a la Myrdal. O consumidor-membro é aqui "ditador de qualidade", em vez de, como na concorrência perfeita, "receptor de

---

(17) Se eu ficar sabendo que uma firma que me tenha desapontado e com a qual eu tenha cortado relações comerciais fracassa, posso, de fato, acolher a reação contrária do "bem-servir".

qualidade". Situações onde compradores individuais estão conscientes de sua posição de "ditadores" de preço, no lugar de "receptores", são familiares às teorias de monopólio e concorrência monopolística. Aqui, o que o economista estranha é o *sentido* da relação: normalmente, nessa situação de ditar preços, o afastamento do membro (queda da curva de demanda) provoca baixa de preço correspondente à *melhoria* de qualidade, porque se assume que a curva de oferta sobe. Nesse caso, ao contrário, o afastamento do "comprador ditador de qualidade" faz cair a qualidade. Isso porque, como membro real, o comprador está envolvido tanto no lado da oferta como no da demanda, em ambos, consumo e produção do *output* da organização. Assim, se aqueles que mais influem na qualidade do *output* são também, como é provável, os mais conscientes da qualidade, qualquer leve deterioração da qualidade pode provocar sua saída, que, por sua vez, aumentará a deterioração levando a mais saídas, e assim por diante.

Nessa situação, o membro leal, principalmente, o que prevê as conseqüências da sua saída, mais uma vez, evita a instabilidade abstendo-se de sair. Em outras palavras, pode-se evitar a instabilidade se os membros estiverem conscientes de sua ameaça. Mas por que razão o membro se preocupa tanto com as conseqüências de sua saída da organização, ao ponto de não sair se há prospectiva de declínio? A única explicação racional para este comportamento é imaginar uma situação onde o *output* ou qualidade da organização *preocupa uma pessoa mesmo depois da saída.* Em outras palavras, uma *saída total é impossível,* de uma forma ou de outra. De certa maneira, continua-se consumidor do artigo apesar da decisão de não comprá-lo e membro da organização, apesar da saída oficial.

Mais uma vez, a comparação entre escolas públicas e particulares exemplifica esse tipo de situação. Os pais que pretendem mudar as crianças das escolas públicas para as particulares contribuem assim para a piora do ensino público. Caso percebam esse possível efeito da sua decisão, talvez não a tomem, em função do bem estar geral, pesando custos e benefícios: as vidas de ambos, pais e filhos, serão afetadas pela qualidade do ensino público na comunidade; com o seu declínio, o bom ensino que as crianças obteriam freqüentando a escola particular teria o mesmo custo do protesto contra a deterioração. É importante nessa discussão a distinção que os economistas fazem entre bens particulares e públicos (ou coletivos). Os *bens públicos* são definidos como bens consumidos por todos os membros de uma dada comunidade, país, ou área geográfica, sem que seu consumo ou uso por um membro impeça o consumo ou uso por outro.

A prevenção de crimes e a segurança nacional são exemplos padrão de bens públicos, assim como outros méritos das leis públicas, que são, ou deveriam ser, gozados por todos: alto prestígio internacional, padrões avançados de cultura ou saúde pública.

Não é apenas o fato de *poderem* ser consumidos por todos que distingue estes bens dos outros, mas o fato de *não haver outra alternativa*; só se deixa de consumi-los quando se deixa a comunidade que os provê. Assim, quem fala de bens públicos, fala também de males. O mal está no fornecimento ineficiente destes bens e no fato de um bem público, para alguns — vamos dizer, uma grande oferta de cachorros policiais e bombas atômicas — poder ser considerado mal público por outros membros da mesma comunidade. Também é muito fácil de se conceber a transformação de um bem público num mal público, por exemplo, as práticas militares e externas de um país desenvolvem-se de forma a transformar seu prestígio internacional em desonra.

Em vista da preocupação deste livro com a deterioração e com a saída ou a voz resultante, este tipo de possibilidade é de particular interesse.

O conceito de bens públicos ajuda a compreender porque, em certas situações, não há saída real. A decisão de saída, possível apenas em parte, precisa considerar qualquer deterioração mais profunda que possa ocorrer no bem. Uma vez introduzido o conceito de bens públicos, fica difícil entender como é possível uma saída desses bens, mesmo parcial.

É claro que o cidadão em particular pode sair do ensino público e matricular os filhos numa escola particular. Ao mesmo tempo, não pode sair, no sentido de que ele e suas crianças serão afetados pela qualidade do ensino público. Existem muitos bens particulares desse tipo, que se pode comprar ou não, mas que têm uma "dimensão de bens públicos" (freqüentemente chamados de "exterioridades" pelos economistas), de forma que sua própria produção e consumo afeta, enobrecendo ou degradando, as vidas de todos os membros da comunidade. Enquanto no caso de bens e serviços vendáveis o fenômeno não é freqüente, ele é uma característica básica de muitas organizações. Se discordo de uma organização, digamos, de um partido político, posso me demitir como membro, mas não posso deixar de ser membro da sociedade onde o partido funciona. Se participo da elaboração de políticas externas que desaprovo, posso me demitir da posição de político, mas não posso deixar de me sentir infeliz como cidadão de um país que desenvolve políticas externas desastrosas. Nestes dois exemplos, o indivíduo inicialmente é tanto produtor como consumidor de bens públicos, como práticas do partido e política externa; ele pode deixar de ser produtor, mas não consumidor.

Assim, é possível racionalizar um tipo inteiramente novo de lealdade. Segundo o bom senso (e a teoria da demanda), a propensão à saída foi até agora apresentada como função crescente do descontentamento com a qualidade do produto, ou com a linha de ação do partido. É possível entre as duas variáveis uma relação constante e inversa. No caso dos bens públicos, a um certo ponto do processo de deterioração, o membro pesará a inutilidade, o desconforto e a vergonha de continuar membro e o prejuízo que sua saída acarretará (seu futuro como não membro e a deterioração adicional que sua saída trará). O benefício que a lealdade traz é evitar esse prejuízo hipotético. Se o benefício aumenta com o custo de continuar membro, não há necessidade de fortalecer a motivação à saída conforme a deterioração prossegue, apesar de nosso membro tornar-se cada vez mais infeliz. Chega-se ao máximo de infelicidade e lealdade paradoxal quando o mal público produzido pela organização promete acelerar-se ou atingir um nível intolerável com a deterioração; aí, de acordo com o raciocínio apresentado, quanto mais se adia a saída, mais difícil ela se torna. Cresce cada vez mais a convicção de que é preciso ficar para *prevenir* o pior.

Normalmente, este tipo de raciocínio é a justificativa *ex-post* (ou *ex-nunc*) do oportunismo. É preciso admitir que este tipo de lealdade — conforme piora menos se pode sair — pode ser de extrema importância quando a organização tem capacidade de dispensar males públicos de grandes proporções, situação característica dos estados poderosos no panorama mundial atual. Quanto mais erradas e perigosas as linhas de ação desses estados, mais se precisa de *certa medida de flexibilidade* entre os políticos mais abertos, de forma que alguns deles continuem "por dentro", influentes, quando se inicia uma crise desastrosa. Discutiremos a seguir a probabilidade de, nessas situações, haver em vez de falta de flexibilidade, excesso. De qualquer forma, é útil notar que os males públicos com que as grandes potências mundiais podem nos afetar conferem à flexibilidade "funcionalidade" ou utilidade social, (impossibilidade de saída), desde que ela se torne inflexível (voz) no momento decisivo.

Organizações e firmas produtoras de bens públicos constituem o ambiente onde a lealdade (ou seja, o adiamento da saída, apesar da insatisfação) assume várias características distintas. Em primeiro lugar, vimos a frase dos últimos parágrafos — "certo ou errado, esse é o meu país" — transformar-se numa mais perversa — "quanto mais errado, mais é meu". Além disso, quando a saída ocorre, ela é de natureza diferente da estudada até agora. No caso de saída de organizações produtoras de bens particulares, a saída termina a relação membro-cliente — produto-organização deixados. Ao alertar a direção das falhas, a saída pode fornecer estímulo no sentido de recuperação da qualidade, mas este efeito não é intencionado pelo cliente-membro que sai — "ele não quer saber". No caso de bens públicos, pelo contrário, continua a "preocupação", pois é impossível sair completamente. Apesar da saída, permanece-se consumidor do *output* ou, pelo menos, de seus efeitos externos, dos quais não se escapa. Nessas condições, o próprio cliente-membro está interessado em fazer com que a saída contribua para a melhora do produto ou organização deixados, melhoria essa que ele acredita impossível sem mudanças radicais na direção da companhia. Aí, a saída significa resignação em forma de protesto: em geral, o cliente denuncia e combate a organização "de fora", em vez de mudar "de dentro". Em outras palavras, a escolha agora não está tanto entre voz e saída como entre voz "de dentro" e voz "de fora" (após a saída). A decisão de saída, então, levanta uma nova pergunta: é mais efetivo e deixa a consciência mais tranqüila lutar contra a política errada "de fora" ou continuar tentando mudá-las "de dentro"?

Aparece uma considerável diferença entre saída "própria" dos bens públicos e o tipo de saída (de bens particulares) até aqui discutida, quando um cliente-membro que sai de um bem público se comporta como se estivesse saindo de um particular. Numa sociedade dominada por empresas privadas e por tipos convencionais de reação a elas, como a dos Estados Unidos, pode-se explicar esta confusão. É fácil achar exemplos na história recente. Os altos funcionários públicos que discordam das práticas governamentais não as destróem quando se demitem; justificam a decisão com motivos puramente pessoais: a saída se deve ao aparecimento de oferta melhor, "pela minha família". Da mesma forma, os jovens desgostosos com os valores e o governo da sociedade americana "caem fora" como se pudessem garantir a si próprios uma série de valores e práticas melhores sem antes mudar a existente. Se, pelo menos um dos funcionários públicos que deixaram a administração Johnson por discordar do Vietnam tivesse depois combatido publicamente as políticas oficiais de guerra, surgiria um alívio capaz de medir o *malaise* resultante da confusão entre os dois tipos de saída. É o tipo de alívio que, em 1968, a campanha do senador Eugene McCarthy possibilitou aos jovens americanos: brigar, em vez de simplesmente "cair fora".

8
A VOZ E A SAÍDA NA IDEOLOGIA E NA PRÁTICA AMERICANAS

A essa altura, não é preciso muito esforço para tomar como último assunto o aspecto especial e significativo da saída e da voz em relação à ideologia, à tradição e à prática americanas.

Meu ponto — e surpresa — principal: a saída sempre teve uma posição extraordinariamente privilegiada na tradição americana, sendo inteiramente proibida em algumas situações, às vezes para melhor, às vezes para pior.

A própria existência e o crescimento dos Estados Unidos se devem a milhões de decisões a favor da saída, contra a voz. Louis Hartz descreveu eloqüentemente essa natureza "exagerada" da experiência americana:

"No século dezesseis, os homens que viajaram da Europa para a América estavam bem conscientes das opressões da vida européia. Eram revolucionários diferentes, sendo importante o fato de fugirem: uma coisa é ficar em casa e lutar contra a lei "feudal"; outra é distanciar-se dela. Uma coisa é tentar estabelecer o liberalismo no Velho Mundo e outra é estabelecê-lo no Novo. A revolução, tomando emprestadas as palavras de T. S. Eliot, significa assassínio e criação, mas, estranhamente, a experiência americana projetou-se apenas no domínio da criação. A destruição de florestas e tribos de índios — apesar de heróica, sangrenta e legendária — não se pode comparar à destruição de uma ordem social à qual se pertence. A primeira experiência é totalmente externa e pode, por isso, ser realizada; a segunda, luta interna tanto quanto externa, como a morte de um pai freudiano, de certa forma, se perpetua[1]."

Essa preferência pela limpeza da saída contra a confusão e a dor da voz tem "persistido através de nossa história nacional[2]".

A saída da Europa foi reapresentada dentro dos Estados Unidos com a ocupação progressiva da fronteira, que Frederick Jackson Turner caracterizou como "a válvula de escape dos laços do passado[3]".

Embora a oportunidade de "ir para o Oeste" talvez fosse mais um mito que realidade para uma grande

(1) HARTZ, Louis. *The Liberal Tradition in America*. New York, Harcourt, Brace & World, 1955. págs. 64-65.

(2) HARTZ, *The Liberal Tradition*, pág. 65, n. Nessa mesma nota ver também sua frase: "Num sentido real, os americanos substituíram a experiência européia da revolução social pela fuga física".

(3) Do último parágrafo do famoso trabalho de 1893, "The Significance of the Frontier in American History", reeditado por FREDERICK JACKSON TURNER em *The Frontier in American History*. New York, Henry Holt, 1920., pág. 38. É bastante interessante o fato de Turner observar num ensaio posterior que, com o fechamento da fronteira, seria necessário que novos processos políticos, semelhantes à voz, substituíssem a fronteira para que a democracia pudesse vigorar nos Estados Unidos. "O presente acha-se envolvido na tarefa de reajustar velhos ideais a novas condições e se volta cada vez mais para o governo, a fim de preservar sua democracia tradicional. Não é surpreendente que o socialismo mostre ganhos dignos de nota conforme continuam as eleições: que partidos formem novas linhas; que se amplie a demanda de eleições preliminares, de escolha popular dos senadores, de iniciativa, *referendum* e *recall* * e que os outrora centros pioneiros de democracia exibam tais tendências em alto grau. Tudo isto é uma busca de substitutos para as terras livres em desaparecimento, as quais eram a garantia da democracia. É o que se segue à extinção da fronteira." (pág. 321).

(*) Processo pelo qual um governante pode ser transferido do cargo pelo voto do povo.

parte da população do leste do país,[4] o próprio mito foi de grande importância, pois forneceu o paradigma da solução do problema. Mesmo depois de estabelecida a fronteira, a vastidão do país e a facilidade de transporte tornou muito mais possível para os americanos que para qualquer outro povo resolver os problemas através da "fuga geográfica", em vez da resignação ou combate *in situ* às condições específicas. Também pode-se explicar dessa forma o curioso conformismo americano, observado desde Tocqueville. Por que protestar ou envolver-se quando é possível retirar-se de qualquer ambiente que se torne por demais desagradável?

Esta fuga é natural à verdadeira saída, isto é, à saída de organizações privadas mais do que de públicas: qualquer efeito causado às sociedades deixadas é secundário e não intencionado. Os que deixaram suas comunidades não tinham intenção de melhorá-la ou combatê-la "de fora"; eram imigrantes, não *émigrés* e, pouco depois da partida mal se importavam com o destino da comunidade de onde vieram. Nesta perspectiva, os atuais movimentos de "retirada", como o dos *hippies,* é tradicionalmente americano; a insatisfação com a ordem social que os cerca leva à "fuga" em vez de à briga, ao afastamento do grupo descontente e ao estabelecimento de uma comunidade à parte. A razão pela qual estes grupos não são vistos como "americanos" não é seu afastamento, mas sua "diferença", sentida como tentativa de influenciar a sociedade quadrada que rejeitam. Na realidade, devido à sua saída espetacular, que combina *desvio* com *desafio,* eles estão mais perto da voz que os imigrantes pioneiros, seus antepassados.

O tradicional conceito americano de sucesso confirma o poder da saída na imaginação nacional. Pensa-se em sucesso — ou ascensão social, dá na mesma — em termos de evolução individual [5]. O indivíduo bem sucedido, partindo de uma baixa classe social deixa para trás seu próprio grupo conforme sobe; ele "passa" para (ou é aceito pelo) próximo nível de classe. Leva junto sua família, mas quase nunca outras pessoas. O sucesso

(4) Ver, por exemplo, F. A. SHANNON, "A Post-Mortem on the Labor Safety Valve Theory", *Agricultural History,* 19: 31-37 (janeiro de 1945), reeditado por GEORGE R. TAYLOR, em *The Turner Thesis.* Boston, D. C. Heath & Co., 1949.
(5) HOFSTADER Richard. *Social Darwinism in American Thought.* Philadelphia, University of Pennsylvania Press, 1945.

é simbolizado e consagrado por uma série de mudanças geográficas, do quarteirão pobre onde foi criado para bairros granfinos. Depois, ele pode vir a financiar atividades de caridade para auxiliar os pobres ou os merecedores do grupo ou bairro ao qual pertenceu. Se todo um grupo minoritário, étnico ou religioso, atinge um *status* social mais alto, isto se deve à soma de vários indivíduos bem sucedidos e a mudanças geográficas desse tipo, não à concentração de esforços do grupo.

No panorama americano, o movimento *black power* é uma novidade por rejeitar este padrão de ascensão social, pois não funciona e é indesejável para os grupos sociais mais oprimidos. Combina desprezo pela penetração individual de uns poucos pretos selecionados na sociedade com grande "estímulo coletivo" dos pretos como um grupo e melhoria do gueto negro. Nas palavras de um orador:

"Integração, principalmente da maneira simbólica como tem sido praticada até agora... eleva membros individuais de um grupo; paradoxalmente, ao integrar muitos dos mais promissores, não altera o grupo como um todo e enfraquece a segurança coletiva que ele teria de outra forma[6]."

Essa situação se parece com outras já mencionadas — ferrovias na Nigéria, escolas públicas etc. — em que a saída era inefetiva, enquanto a voz era fatalmente enfraquecida pela saída dos membros mais conscientes de qualidade. No caso de uma minoria discriminada pode-se completar a discussão: a saída está condenada a ser insatisfatória e sem sucesso, mesmo do ponto de vista dos indivíduos que a praticam. O assunto é familiar e é interessante abordá-lo não através dos exemplos dos judeus errantes ou negros nos Estados Unidos, mas através dos índios nos Andes:

"Nos Andes, um padrão normal de mudanças é o indivíduo tornar-se um *mestizo,* deixando as montanhas e a comunidade onde nasceu, rejeitando seu *background* índio e assumindo todos os possíveis símbolos de *status.* O indivíduo que, desta forma, se torna um *mestizo,* será, apesar de tudo, parte de

---

(6) NATHAN HARE, citação de JOHN H. BUNZEL, "Black Studies at San Francisco State", *The Public Interest,* n.º 13 (outono de 1968) pág. 30. Que a integração, como foi praticada até agora, priva a comunidade negra do "potencial de liderança" também foi discutido em *Black Power,* New York. Vintage Books, 1967, p. 53, de STOKELY CARMICHAEL e CHARLES V. HAMILTON.

uma desprezada minoria *cholo* num mundo dominado por classes urbanas mais altas, às quais ele não pode aspirar [7]."

Compare este processo insatisfatório de ascensão individual com o processo de grupo — que, segundo o autor, a revolução possibilitou na Bolívia:

"Por outro lado, nas comunidades índias da Bolívia, o próprio grupo regula a adoção de traços *mestizos*. Os indivíduos do grupo avançam no mesmo passo, sem que umas pessoas se apresentem mais *mestizo* que as outras. Também não existe grande motivação para deixar geograficamente a comunidade nem para rejeitar padrões de comportamento identificados como índios. Em vez disso, os indivíduos participam de verdadeira transformação cultural, como grupo. Não há pressa de adquirir símbolos de *status*, pois há um profundo senso de ridículo, por exemplo, numa pessoa que usa gravata e não fala espanhol [8]."

Em regiões atrasadas do sul da Itália e no nordeste do Brasil há também uma preferência dos oradores pelo processo de ascensão social de grupo, em vez da "fuga" ou da "mistura de raças" e costumes. Nos projetos para alcançar o resto do país, estes oradores atribuem um papel menor à emigração, que não consideram como contribuição para o levantamento da região, mas infeliz "hemorragia" dos seus maiores talentos.

Se imaginarmos uma sociedade onde as famílias das classes altas adotassem sistematicamente os jovens promissores da classe baixa, fica evidente que a ascensão social de apenas os poucos talentosos das classes mais baixas torna o domínio das classes baixas pelas altas muito mais seguro do que seria se houvesse uma separação rígida. Este tipo de adoção existiu no Japão, na época de Tokugawa, quando o país passou por "dois séculos de paz e estabilidade"[9].

(7) PATCH, Richard. "Bolívia: The Restrained Revolution", *The Annual of the American Academy of Political and Social Sciences*, 334: 130 (1961).
(8) **Ibid.**
(9) DORE, R. P. "Talent and the Social Order in Tokugawa Japan", edição de JOHN W. HALL e MARIUS E. JENSEN, *Studies in the Institutional History of Early Modern Japan*. Princeton, Princeton University Press, 1968., págs. 349-354. A imaginação de Michael Young leva o processo a um passo adiante. Em sua antiutopia, as classes alta e baixa distanciam-se cada vez mais em virtude da ascensão individual. Ali, é perturbante o crescimento do mercado negro do tráfico de bebês, trocando-se os bebês estúpidos das classes altas, às vezes com dotes principescos, pelos espertos das classes baixas. *The Rise of Meritocracy* (1958, ed. Penguin Books, 1968), pág. 184.

Na prática, a ascensão de um grupo oprimido necessita de uma combinação de processos individuais e coletivos, ou seja, uma combinação de saída e voz. O processo coletivo é proeminente em estágios intermediários, muito necessário quando a diferença social se prolonga e as disparidades econômicas são reforçadas por barreiras religiosas, étnicas, ou de cor. De fato, nos Estados Unidos, a realidade muitas vezes difere da ideologia: como sabemos, as minorias étnicas têm crescido em influência e *status* não só através do sucesso acumulado de alguns indivíduos, mas também através da formação de grupos de interesses. Estes grupos, em certas subdivisões políticas, transformaram-se em maiorias e em pontos estratégicos da política nacional*. Contudo, a doutrina do *black power* encara a ascensão social de forma totalmente nova, pregando abertamente o processo coletivo. Ela foi de enorme impacto por rejeitar e castigar um valor supremo da sociedade americana: o sucesso via saída do grupo.

À parte tais vozes dissonantes recentes, a ideologia da saída tem sido poderosa na América. Uma vez que a fundação e o desenvolvimento do país se basearam na saída, não se questiona a fé nesse mecanismo, considerado fundamental e socialmente benéfico. A saída é responsável pela grande fé nacional em instituições como o sistema bipartidário e a iniciativa de concorrência; e, no último caso, pela *descrença* nacional na noção econômica de que um mercado dominado por duas ou três firmas gigantes muito se distancia do ideal de concorrência perfeita. Enquanto se puder transferir a lealdade do produto da firma A para o produto concorrente da firma B, está satisfeito o simbolismo básico do amor nacional pela saída.

Porém, assim como o amor pode se transformar em ódio, a enfatuação nacional com a saída pode levar, em certas áreas, à sua destruição. De certa forma, a saída é a própria responsável pela existência do seu oposto. O emigrante toma uma difícil decisão ao deixar seu país, e, normalmente, custa-lhe caro o rompimento de laços afetivos. Um pagamento adicional lhe é cobrado na fase de adaptação ao novo ambiente. Como resul-

(*) Ver em *The Agony of the American Left*. New York, Alfred A. Knopf, 1969., págs. 134-141, de CHRISTOPHER LASCH, comentários bem documentados sobre o assunto.

tado, sente-se psicologicamente inclinado a gostar do que lhe custou tão caro. O "velho país" lhe parecerá mais abominável que nunca, enquanto o novo será aclamado a maior e "última das melhores esperanças da humanidade", e muitos outros tipos de superlativo. É necessário ser feliz. Provavelmente, devido a esta compulsão coletiva à felicidade, o significado da palavra enfraqueceu gradualmente mais que nas outras línguas. É o que se vê na estória sobre dois imigrantes alemães, que se encontraram pela primeira vez, depois de muito tempo, em Nova Iorque. Um pergunta ao outro: "Você está feliz aqui?". Resposta: "Estou feliz, *aber glücklich bin ich nicht* [10]."

Como o banco central de um país é o financiador de "última instância", assim, por muito tempo, os Estados Unidos têm sido "o país de última instância". A maioria de seus cidadãos — com a importante exceção daqueles cujos ascendentes vieram escravos — nunca pensou em sair do país.

Mas o que acontece se as coisas não são totalmente satisfatórias? Segundo o argumento acima, com a presença de lealdade, a entrada cara adiará o ponto no qual os problemas serão admitidos. Esta é precisamente a fase de felicidade compulsiva. Há situações, porém, nas quais já não se pode reprimir a insatisfação. Então, várias reações são possíveis:

(1) como foi visto, pode-se tentar uma nova saída, dessa vez, dentro dos limites do país (que felizmente é grande).

(2) Se é evidente que o país não pode estar errado, atribui-se a responsabilidade do infortúnio à pessoa que o experimenta. Está em tempo de uma nova dose de "adaptação".

(3) Finalmente, se é óbvio que o país está errado, ele terá que *ser transformado* no lugar ideal que se espera que seja. Aí, a voz surgirá por si própria, com

---

(10) Tradução: "mas feliz não estou". Outro exemplo da intensidade associada à palavra "feliz" em outras línguas que não a americana, são as primeiras linhas desse poema de Umberto Saba:
  "*In quel momento ch'ero giá felice*
  (*Dio mi perdoni la parola*
    grande e tremenda)..."
que fracamente traduzido significa: "naquele tempo, quando eu ainda era feliz (Deus me perdoe a palavra grande e tremenda)...". Saba, *Il Canzoniere* (Roma, Giulio Einaudi, 1945), pág. 220.

força extraordinária, animada pela característica convicção americana de que é possível aperfeiçoar as instituições humanas e resolver os problemas humanos. A voz substitui a "compulsão à felicidade" com o propósito de levar o país à altura de sua imagem. E é a esta compulsão que o país deve seus maiores méritos, assim como à origem da saída.

Haveria pouco motivo de preocupação se, no panorama americano, a rejeição da opção de saída se limitasse à saída do país. Porém, ultimamente, o fenômeno tomou uma forma diferente, bem menos benigna: os americanos que ocupam cargos públicos recusam-se a resignar-se e a não protestar contra políticas das quais discordam.

As considerações acima são de grande importância. Muitas das razões pelas quais é impossível para o cidadão americano pensar em sair de seus país, se aplicam, de forma levemente alterada, ao alto funcionário público quando pensa em deixar seu cargo. Assim como o primeiro não concebe a saída do "melhor" país, o último não deseja romper seus laços com o governo do "melhor" país, que, além de tudo, é o mais poderoso do mundo. A impossibilidade de resignação se aplica a pessoas em posições políticas contrárias à política oficial, desde um general MacArthur até um Adlai Stevenson. Em 1966, a posição deste último foi satirizada em *MacBird!*, onde o "Ovo da Cabeça" põe saída e voz na balança e acaba por achar a saída pouco atraente:

> Quem fala perde a influência.
> Foi-se o tempo de mudanças através de rezas e pedidos.
> Como crítico interno, minha esperança,
> ainda é mudar os feitos do demônio.
> Deixar o clube! Observá-lo de fora!
> Dessa terra estranha e desconhecida
> poucos viajantes voltam...
> Temo romper; melhor é tentar mudar "de dentro [11]."

Dois anos depois, entre as agonias da guerra, a longa resistência dos altos funcionários públicos aos "enjôos" para derrubar o governo de Johnson foi analisada juntamente com outros aspectos burocráticos do conflito, num

---

(11) GARSON, Barbara. *Macbird!* New York, Grassy Knoll Press, 1966. págs. 22-23.

artigo escrito por um ex-participante (da administração Johnson), James C. Thomson Jr [12].

Um de seus principais pontos foi a *"domesticação dos descontentes"*, que atribui o título de "descontente oficial" ou advogado do diabo aos que contestam o governo. No processo, elimina-se a consciência do contestador e, ao mesmo tempo, sua posição torna-se explícita *e previsível*. A previsibilidade significa uma fatal perda de poder, uma vez que se conhece a posição do descontente [13]. Permite-se que o descontente diga o que tem a dizer, contanto que represente o papel de "jogador do time". Dessa forma, desde o início ele é forçado a perder sua arma mais poderosa: a ameaça de demissão como protesto.

É óbvio que este não é um bom negócio para o descontente. Porque se prestaria ele a isso? Tentando uma resposta, podemos lembrar vários pontos do capítulo anterior. Antes de tudo, devido ao potencial de medo característico do governo, parece que a aprovação final de uma lei está sempre situada entre as duas posições extremas, a dos "falcões" e a das "pombas". Assim, membros descontentes de ambos os grupos sempre sentem que "se não fosse por mim, poderia ter sido tomada uma decisão muito mais drástica". O pombo, principalmente, achará que é seu dever continuar no posto, não importa quanto possa "sofrer". Considerando o enorme potencial de bem e de mal constantemente exposto à sua vista, parece-lhe que vale a pena exercer mesmo a mais insignificante influência. Seu raciocínio, de fato, contém uma essência de verdade, como mostrou a análise da saída dos bens públicos. Mas esta é exatamente a origem do problema. Nesta situação, pode-se

(12) C. THOMSON JR. James, "How Could Vietnam Happen? An Autopsy", *Atlantic Monthly* (abril de 1968), pp. 47-53.
(13) Segundo Thomson, "depois que Sr. Ball começou a expressar dúvidas, foi calorosamente institucionalizado: transformaram-no no advogado do diabo doméstico, em relação ao Vietnam. O resultado foi inevitável: no processo, os pedidos periódicos do Sr. Ball eram atendidos e lhe era permitido dizer a sua parte; suponho que Ball estivesse satisfeito (pois tinha lutado pela justiça), os outros estavam satisfeitos (tinham dado toda a atenção à opinião do pombo); o desacordo era mínimo. O clube continuou firme e é possível que as coisas tivessem piorado muito mais rapidamente se o Sr. Ball se mantivesse em silêncio, ou se retirasse antes de sua partida final, no outono de 1966. Havia também o caso do último contestador institucionalizado, Bill Moyers. Diz-se que o presidente saudava sua chegada às reuniões com um afetuoso "aí vem o sr. pare-o-bombardeio" (p. 49). MICHAEL CROZIER em *The Bureaucratic Phenomenon*. Chicago: University of Chicabo Press, 1964., cap. 6, observa que, numa situação burocrática, o poder varia inversamente à previsibilidade.

racionalizar o oportunismo como se fosse em função do povo, ou melhor, ele pode fingir martírio secreto. Dada uma tão deliciosa mistura de motivos, o oportunismo será indulgenciado com intensidade, persistência e abandono desproporcionais à sua justificativa. O pombo sobreestimará sua influência assim como os danos conseqüentes de sua saída ao curso dos acontecimentos. Com uma pequena modificação, o famoso *dictum* de Lord Acton dirá: "o poder corrompe; e, num país poderoso, mesmo a mais ínfima influência corrompe enormemente".

Nesta situação, é plausível que a saída seja negligenciada de uma outra maneira. Discutiu-se no capítulo 4, a probabilidade de a deterioração de um bem de baixa qualidade levar à saída mais prontamente que no caso de bens de melhor qualidade. A deterioração de mercadorias de qualidade baixa ou média facilmente provoca a saída do consumidor, uma vez que ele tenha acesso a um substituto não deteriorado, de preço e qualidade semelhantes. O consumidor do produto de alta qualidade não está tão bem servido de alternativas quando seu produto começa a desapontá-lo; ele estará mais inclinado a fazer a voz funcionar "de dentro". Então, é mais fácil sair do governo (em deterioração) de uma nação pequena ou média do que do das principais potências mundiais? É óbvio que não. Em tais circunstâncias é impossível usar o mecanismo de mercado: normalmente, não se "troca" um governo degenerado por outro. Contudo, pode estar funcionando um mecanismo análogo. Um país pequeno ou médio tem muitos "colegas", podendo-se comparar seu comportamento ao dos outros da mesma categoria. Os governos destes países têm um certo padrão de comportamento, que se pode reconhecer. Uma superpotência não dispõe de tal padrão de comportamento e é razoável que, em vista de seus problemas e responsabilidades, padrões ordinários não se apliquem às suas ações. Infelizmente, talvez seja essa mais uma das razões pelas quais é pouco freqüente a saída dos governos dos países poderosos.

Por que "infelizmente"? Porque, como em qualquer outra organização, a saída é de grande importância para a restauração da qualidade do desempenho de um governo. Ela opera reformando o governo ou derrubando-o. Em qualquer dos casos, o impacto provocado pela saída de um membro respeitado é um complemento indispensável da voz. Um caso desse tipo foi a decisão do senador Eugene McCarthy de candidatar-se à presidência, influindo grandemente nos acontecimentos. Ele saiu do "clube" dos altos políticos democratas e violou as regras do jogo tradicional do partido governamental (era regra não se opor à candidatura do presidente à reeleição). E a "família oficial" do presidente, apesar do crescente arrependimento de vários membros, não saiu. Barbara Garson e James Thomson, respectivamente, foram os primeiros a satirizar e analisar a resistência à saída. Ultimamente, ela vem sendo cada vez mais reconhecida como problema e até mesmo escândalo nacional. Neste sentido, James Reston escreveu um *post mortem* sobre o governo de Johnson:

"Uma coisa está clara: desapareceu a arte da resignação a favor dos princípios nos postos mais altos do governo americano. Não há mais demissões como as de Anthony Eden e Duff Cooper, que deixaram o gabinete de Neville Chamberlain, explicando detalhadamente porque não se identificavam mais com a política... No período de intensificação da guerra, a maioria dos que permaneceram deu ao presidente a lealdade que devia ao país. Alguns... agora se perguntam se o que fizeram foi para o interesse nacional [14]."

É pouco provável que a desaprovação e a *moralidade* implícitas nesse aviso tenham resultado dos fortes motivos para se escapar à saída, mencionados anteriormente. É mais útil pensar em práticas institucionais capazes de ativá-la como protesto, como antes procuramos formas de facilitar a voz. Do mesmo modo,

(14) *The New York Times* (9 de março de 1969). Note também o protesto bem anterior de John Osborne: "Suponho que já devíamos saber que hoje em dia, os altos funcionários públicos não se demitem por uma causa... mas devo dizer, com o devido respeito por George Ball, que uma demissão ocasional, por questões de princípios, melhoraria o panorama de Washington, evitando, ou talvez prevenindo, o tipo de erro de concepção julgamento que ele cita e deplora". *The New Republic* (15 de junho de 1968), pág. 27. Felizmente, durante as provas deste livro, foi possível arquivar o primeiro rompimento com esse padrão: em outubro de 1969, seis analistas da RAND Corporation enviaram ao *New York Times* e ao *Washington Post* uma carta bem elaborada, advogando retirada unilateral, rápida e total das forças americanas do Vietnam. Devido à natureza do caso, a comunicação direta com a imprensa aproxima-se da resignação com protesto. É protesto público contra a política oficial à qual a RAND Corporation serve, através de seus contratos com o Departamento de Defesa. É evidente que enquanto os protestadores não saem, eles correm o risco de "serem retirados". (*Washington Post*, 12 de outubro de 1969). Na nova edição deste livro (setembro de 1971) outra edição é de interesse: a carta, com sua original combinação de voz e de saída, se deve, em grande parte, a Daniel Elsberg, um dos seis assinantes.

segundo Thomson, a resignação como protesto não atrai os membros do gabinete americano, porque, ao contrário de "seus equivalentes britânicos, não tem apoio parlamentar" [15]. Geralmente, ele não tem base em política ou opinião pública. Merecem maior estudo as recentes sugestões de que os membros do gabinete e talvez outros altos funcionários deveriam liderar grupos de interesse, ou, pelo contrário, afastar-se da liderança. Talvez assim fosse mais difícil que essas pessoas caíssem na *armadilha do jogador do time*.

(15) THOMSON, "How Could Vietnam Happen?"

9
A EVASIVA COMBINAÇÃO ÓTIMA DE VOZ E DE SAÍDA

Nos primeiros capítulos deste livro, muito se falou a respeito de situações onde a saída elimina a voz, assumindo um peso desproporcional em guiar uma firma ou organização de volta à eficiência, após a falha inicial. Mostrou-se que, em certas circunstâncias, a voz pode funcionar como valioso mecanismo de recuperação, merecendo ser reforçada por instituições apropriadas. Nas últimas páginas, com recomendável senso de equilíbrio, voltei minha atenção a situações onde é a vez de a opção de saída ser quase totalmente eliminada, em detrimento da recuperação efetiva. Tendo completado o círculo, vou terminar já. Mas em vista da ornamentação barroca adicionada ao círculo conforme ele ia sendo construído, pode ser de utilidade um final mais esquematizado.

Em primeiro lugar, vale a pena recapitular a colocação das organizações num quadro, cujo critério de classificação é a ausência ou presença de dois mecanismos de recuperação. Não é preciso dizer que a montagem do quadro é bastante sumária. A base do esquema apresentado e as exceções estão incluídas no texto.

No quadro aparece o contraste entre as organizações que se informam do descontentamento do membro-cliente apenas através da saída e raramente através da voz (como firmas comerciais no mercado de concorrência) e os grupos humanos mais tradicionais, onde não se pensa em saída, enquanto os membros têm acesso a graus variados de voz. São relativamente poucas as organizações onde ambas — voz e saída — representam papéis importantes: as principais são as associações voluntárias de todo tipo, inclusive uma subcategoria importante, os partidos políticos concorrentes. Há também clientes de firmas comerciais que, em vez de sair, tentam influenciar diretamente as práticas da firma.

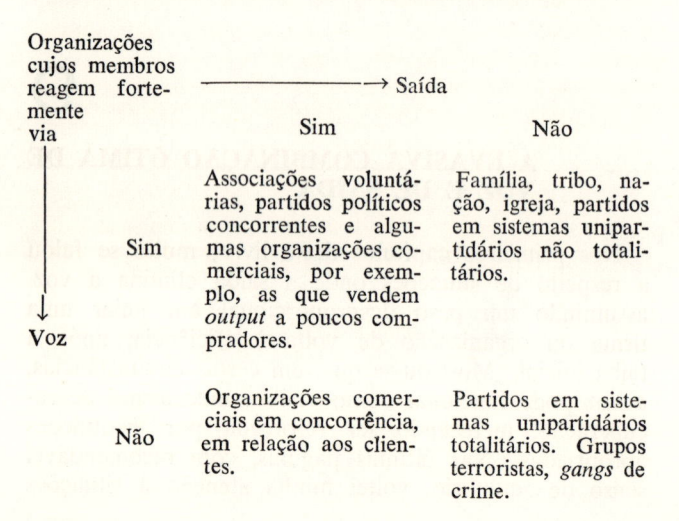

Organizações cujos membros reagem fortemente via	→ Saída	
	Sim	Não
Voz — Sim	Associações voluntárias, partidos políticos concorrentes e algumas organizações comerciais, por exemplo, as que vendem *output* a poucos compradores.	Família, tribo, nação, igreja, partidos em sistemas unipartidários não totalitários.
Voz — Não	Organizações comerciais em concorrência, em relação aos clientes.	Partidos em sistemas unipartidários totalitários. Grupos terroristas, *gangs* de crime.

Provavelmente, não existem organizações totalmente imunes à saída ou à voz dos membros. As classificadas nessa categoria são aquelas cuja estrutura, intencionalmente, não permite nenhum dos mecanismos, nem explícita nem implicitamente. Nelas, a saída é considerada traição e a voz rebeldia. É quase certo que, a longo prazo, estas organizações sejam menos viáveis que as outras; a voz e a saída ilegais e severamente punidas, só serão usadas quando a deterioração atingir um estágio tão avançado que a recuperação se torna impossível ou indesejável. Neste estágio, a voz e a saída terão tanta força que seu efeito será destrutivo em vez de reformador.

O quadro também não determina que organizações equipadas com os dois mecanismos sejam necessariamente mais avançadas ou viáveis que as que contam com apenas um. Tudo depende de como a organização reage a qualquer que seja dos mecanismos ou combinação de mecanismos com que conta. Se uma organização equipada com saída é extremamente sensível à perda de clientes ou membros, está tudo bem, e o mesmo acontece numa organização que leva seriamente em consideração as reclamações e protestos de seus membros. Mas e quando uma organização não é sensível à reação que provoca, ou não possui o mecanismo ao qual seria sensível? Uma grande parte deste livro foi dedicada a estes casos de reação inadequada ou errônea. O assunto pode ser resumido em outro quadro:

		O declínio provoca principalmente:	
		Saída	Voz
A organização é sensível principalmente a:	Saída	Firmas comerciais em concorrência (para classificação, ver cap. 2).	Organizações onde o descontentamento é permitido, porém institucionalizado.
	Voz	Empreendimento público sujeito a concorrência como alternativa, oligopólio indolente, relações corporação-acionista, cidades de interior, etc."	Organizações que reagem democraticamente e que contam com grande lealdade dos membros.

Aqui, os casos de maior interesse são os "perversos" ou patológicos, onde a organização produz um mecanismo ao qual não reage: as pessoas afetadas pelo declínio da qualidade exprimem descontentamento de uma maneira ou de outra, mas a direção, indiferente a suas reações particulares não é compelida a corrigir sua linha de ação.

As situações deste tipo, descritas principalmente nos capítulos 4 e 5, envolvem organizações onde a saída provocada pelo declínio não incomoda a direção tanto quanto a voz incomodaria. Contudo, no capítulo 8, encontra-se uma situação simetricamente oposta: uma organização — o ramo executivo do governo dos Estados Unidos — cujo declínio de desempenho durante o governo de Lyndon Johnson provocou numerosas, porém inúteis manifestações de voz, quando a saída teria sido mais efetiva.

O fato de uma organização provocar um modo de reação nos membros, quando sua recuperação seria melhor estimulada por outro modo, leva a várias conclusões. Esta formulação tem a vantagem de apontar imediatamente uma *série* de remédios ou uma *combinação* deles. Tome-se o caso de uma organização que provoca principalmente saída, à qual ela é muito menos sensível do que seria à voz. Políticas corretivas obviamente incluem esforço para que a organização reaja mais à saída, *mas também* esforço para que os membros da organização troquem a saída pela voz. Desta forma, alarga-se a escala de possíveis medidas remediáveis. Por exemplo, se as ferrovias não reagem à perda de clientes, a introdução de uma "disciplina financeira" mais severa talvez forçasse a direção das estradas de ferro a reagir à perda de renda como a iniciativa privada à ameaça de falência. É evidente que vale a pena procurar maneiras de reforçar a voz dos clientes, como alternativa, ou passo complementar. Isso pode ser feito direta ou indiretamente, aumentando o custo da saída, ou mesmo reduzindo suas oportunidades.

Da mesma forma, quando uma organização levanta voz, mas a ignora, enquanto reagiria à saída, é preciso que instituições apropriadas tornem a saída mais atraente e mais fácil, além de fazer com que a organização seja mais sensível à voz. Este modo de encarar a melhoria de projetos institucionais aumenta as possibilidades de escolha de políticas a adotar e evita os fortes preconceitos mútuos a favor da saída ou da voz, naturais ao economista e ao cientista político, respectivamente [1].

É necessária uma advertência em relação a este modo de encarar as coisas: ela não está implícita na receita da firma de combinação ótima de voz e de saída, nem garante que cada instituição requer sua própria combinação, gradualmente atingível, através de experiência e erro. Pode-se dizer que, em qualquer espaço de tempo, um dos nossos dois mecanismos é deficiente. Seria difícil especificar a mais eficiente combinação dos dois, estável através do tempo. A razão é simples: *cada mecanismo de recuperação, por si próprio, está sujeito às forças da degeneração aqui estudadas*. Não digo isto apenas para acrescentar um toque final de consistência filosófica, mas também por razões mais mundanas. Como já foi mencionado, o interesse a curto prazo da direção das organizações é ampliar sua liberdade de ação; portanto, a direção se esforçará para privar os membros-clientes de suas armas, seja voz ou saída, e converter o que deveria ser um *feedback* numa válvula de segurança. Assim, a voz pode ser transformada em mero "soltar vapor", castrada pela institucionalização e "domesticação" do descontentamento, descritas no fim do último capítulo. A saída pode ser "apagada" da mesma maneira. Como mostramos, organizações e firmas em concorrência ostensiva e normalmente sensíveis à saída, podem aprender um jogo de cooperação e conspiração, recebendo os clientes-membros revoltados umas das outras. Se este jogo tem sucesso em organizações ou firmas concorrentes, a saída, compensada como é pela entrada, deixa de ser uma ameaça séria à firma em deterioração.

Enquanto a direção assim encontra formas de cortar a efetividade do modo de reação aparentemente preferido pelos consumidores-membros, em certas circunstâncias, esses últimos estão, de certa forma, ajudando a direção a apoiar-se cada vez mais nesse modo de reação, às custas do atrofiamento do outro. Como foi mencionado várias vezes, (principalmente com relação à voz), a

---

(1) Ver a análise da proposta de Friedman a respeito do ensino, no Cap. 1.

efetividade do modo de reação secundário torna-se não só mais incerta, como tende a ser *cada vez mais subestimada*. Isso porque é necessário descobrir e redescobrir o poder do mecanismo secundário, enquanto o mecanismo preferido é rotineiramente familiar; por não ousarmos acreditar em descobertas criativas até que elas aconteçam, subestimaremos a efetividade da voz quando a *saída* for dominante e vice-versa. Se os membros têm uma leve preferência, digamos, pela voz, em detrimento da saída, estabelece-se um movimento acumulador que faz com que a saída pareça cada vez menos atraente e mais impensável. Como resultado, os membros se apoiarão mais e mais na voz, e a direção fará tudo para tornar-se invulnerável a ela.

Por essas razões, é raro haver condições favoráveis a uma combinação estável e perfeitamente efetiva da voz e da saída. Tende-se à dependência exclusiva de um modo de reação e ao declínio de sua efetividade. Somente quando o modo dominante parece totalmente inadequado é que se pode introduzir o outro.

O impacto dessa introdução demonstrou resultados revigorantes quando a coragem e a iniciativa de Ralph Nader introduziram a *voz* dos consumidores numa área onde a saída sempre foi o modo dominante e quase exclusivo de reação. No caso oposto, quando a voz é o modo de reação dominante, a saída pode ser, da mesma forma, estimulante. Como poderia a saída, um ato de retirada, ser influente após o declínio dos dividendos do trabalho "de dentro" via voz? Normalmente, o membro não usa a saída com o propósito de obter mais influência do que tinha. Mas muitas vezes, ela resulta nisso, principalmente quando é acontecimento muito raro. Os psicólogos sociais notaram que o "desaparecimento da fonte de comunicação leva a uma mudança de opinião a seu favor"[2]. Para os que permanecem, a saída é um desvio da ordem estabelecida e não mais se discute com os que saíram. Ao sair, deixam-se os argumentos sem resposta. Pode-se entender assim a remarcável influência dos mártires através da história,

---

(2) *Serge Muscovici*, "Active Minorities, Social Influence and Social Change", um trabalho elaborado no Center for Advanced Study in the Behavioral Sciences, 1968-1969, p. 31. Para sustentar esse ponto, Muscovici cita resultados de experiências de Muzafer Sherif e Carl H. Hovland.

pois a morte do mártir é a saída mais irreversível e o argumento mais irrefutável.

A análise do conceito de combinação ótima traz três conclusões. Para reter capacidade de combater a deterioração, as organizações que se apóiam principalmente em um dos dois mecanismos precisam, eventualmente, da introdução do outro. Outras organizações passam por ciclos regulares, onde a saída e a voz se alternam como agentes principais. Finalmente, para melhorar os projetos de instituições, é útil uma consciência da inclinação natural à instabilidade de qualquer combinação ótima.

Pode-se até pensar que este livro talvez tenha influência mais direta. Trazendo à tona o potencial escondido de qualquer dos modos de reação negligenciado, ele poderia encorajar o uso da saída ou da voz, conforme o caso. Pelo menos, esta é a matéria de que é feita a mente dos escritores.

APÊNDICES

A. DIAGRAMAÇÃO SIMPLES DA VOZ E DA SAÍDA *

Uma leve modificação do tradicional diagrama da demanda mostra como a saída e a voz são geradas em resultado do declínio da qualidade. Abaixo, assume-se que a elasticidade-qualidade da demanda, isto é, a reação-saída dos consumidores a quedas de qualidade é dada, sem levar-se em conta as possibilidades de voz efetiva.

Na figura 2A a demanda é função de qualidade, representada pela ordenada, no lugar de preço. Conforme se distancia da origem, mais baixa a qualidade; desta forma, a curva da demanda mantém sua tradicional inclinação negativa. O ponto L_0 indica qualidade normal e L_1, a qualidade depois da deterioração. Na figura 2B a unidade de preço é convencionalmente representada pela ordenada. Nas duas figuras, a quantidade comprada é indicada pela abscissa. Quando a qualidade cai de L_0 para L_1, e a unidade de preço permanece a mesma, a demanda cai de Q_0 para Q_1 e os prejuízos totais de renda aparecem na figura 2B: a área do retângulo $Q_1Q_0P'_0T'$. Esse é o retângulo "S", ou de saída. Obviamente, o ponto onde

(*) Ver pp. 33-34 e 42-45 do texto.

este prejuízo na renda diminui ou talvez elimina os lucros da firma depende das condições de custo, que não aparecem aqui.

Por outro lado, a voz depende do número de clientes que não sai, OQ_1, e do grau de deterioração L_0L_1 (fig. 2A). Assim, a quantidade de voz provável é proporcional à área do retângulo $L_0TP_1L_1$. Este retângulo é "V", ou de voz. Em geral, não se pode somar diretamente os retângulos S e V. Mas com qualquer declínio da qualidade, a voz e a saída de alguma forma se unem para influenciar a direção; se a porção de influência de cada uma pudesse ser calculada, poderia traçar-se para este declínio a escala vertical de preço (fig. 2B), de forma que os retângulos S e V mostrassem corretamente suas respectivas partes de influência. A figura 2 foi feita com o objetivo

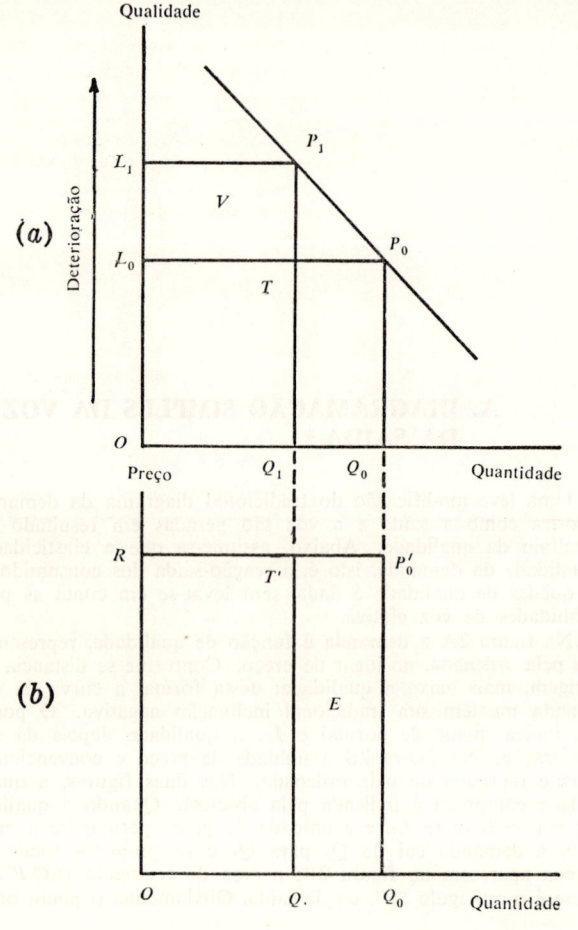

Fig. 2. Voz e saída quando a demanda é função de qualidade.

de mostrar que, quando a qualidade cai de L_o para L_1, a saída será duas vezes mais efetiva que a voz. Se, dentro de certa escala, a efetividade de ambas, voz e saída, dependesse e variasse proporcionalmente às áreas dos retângulos, então, o fator decisivo para a determinação das partes de voz e saída na quantidade agregada de pressão sobre a firma é a elasticidade-qualidade da demanda. Nessas condições, maior elasticidade significa maior efetividade agregada de voz e saída somente quando supomos que o efeito negativo sobre a recuperação, devido à diminuição do retângulo da voz, é mais que compensado pelo aumento do retângulo de saída.

A voz impinge custos diretos à direção quando os clientes reclamadores ocupam tempo do pessoal da firma e insistem em consertar ou trocar mercadorias defeituosas. Aí, a voz tem conseqüências monetárias desfavoráveis, representadas pela fig. 2B. Suponha-se, por exemplo, que metade dos clientes que não sai, reclame, e que a média das reclamações chegue à metade do preço de venda do artigo; então, a voz inflige um prejuízo monetário igual a um quarto do retângulo $ORT'Q_1$ (Note que a voz afeta diretamente os lucros, enquanto a saída os afeta via renda). Deve ser frisado que a efetividade da voz não *depende* de conversibilidade à medida de valor (dinheiro). Nas páginas 72-74 aparecem alguns comentários relacionados a este ponto.

B. A ESCOLHA ENTRE VOZ E SAÍDA

Essa nota tenta explorar de forma mais profunda a alternativa entre voz e saída do ponto de vista do indivíduo, cliente de um produto cuja qualidade se degenerou.

Na fig. 3 a abscissa indica qualidade (desta vez, ela melhora conforme se afasta da origem), enquanto a ordenada mede agora a probabilidade de acumulação, segundo a estimativa do cliente, de que a voz atinja *pelo menos* uma dada melhoria de qualidade.

Q_n indica a qualidade "normal" original, supondo-se seu declínio até o ponto Q_o. Qualquer ponto no retângulo $OQ_oQ_nQ'_n$ representa melhoria de qualidade associada à probabilidade (estimada pelo cliente ou membro) de que pelo menos tal melhoria realmente seja atingida. É provável que os clientes sejam indiferentes entre uma pequena melhoria no sentido de Q_o associada com uma alta probabilidade de que pelo menos essa melhoria seja atingida (dentro de um período razoável de tempo) e a combinação inversa das duas variáveis. Aparecem duas curvas de indiferença deste tipo; é provável que elas sejam convexas na direção da origem, pois o cliente hesitará cada vez mais a aceitar probabilidades mais baixas de recuperação, em relação à qualidade melhor. Os pontos V_1, V_2 e V_3 representam total sucesso da opção de voz: em todos estes casos, a qualidade é inteiramente restaurada ao seu nível "normal", mas a probabilidade deste resultado varia.

A opção de saída pode ser representada por um ponto como Q_e, indicando pela posição entre Q_o e Q_n que o produto con-

Probabilidade de que a voz atinja recuperação de qualidade, pelo menos até Q_x ($Q_o \leqslant Q_x \leqslant Q_n$)

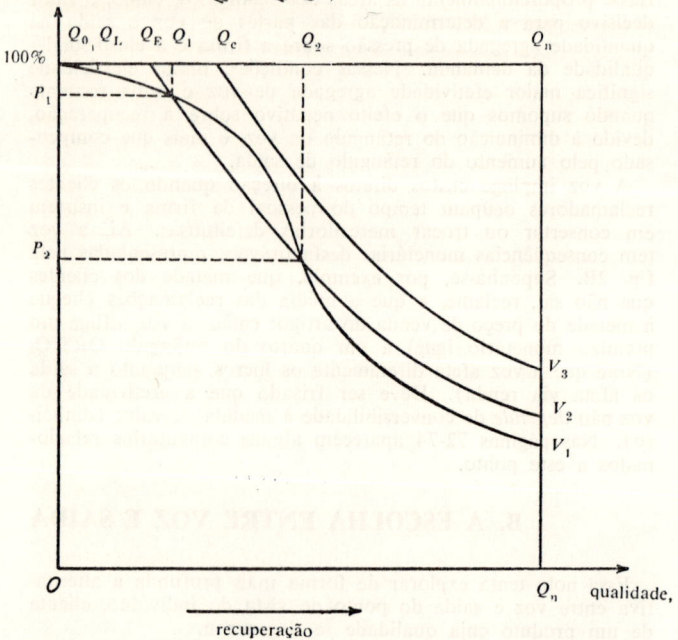

Fig. 3. A escolha entre voz e saída em função da influência e disposição ao risco do membro.

corrente ou substituto mais próximo é de qualidade superior à de Q_o, mas inferior a Q_n — a última relação é certa se não se escolheu o produto concorrente, quando a qualidade do produto agora degenerado era Q_n. Na interpretação direta do diagrama, o preço dos dois produtos concorrentes é o mesmo, mas veremos adiante que o ponto Q_e também pode representar um produto concorrente, diferente do deteriorado em preço e qualidade [1]. A coordenada de Q_e indica que, em contraste com a voz, não há qualquer dúvida a respeito do que a saída traria — o produto concorrente existe como alternativa, visível aos olhos de todos. A curva de indiferença que passa por Q_e (curva $Q_e V_2$) é o roteiro dessas combinações de melhoria de qualidade e chance de consegui-la (ou ultrapassá-la) que dificultaria ao consumidor escolher entre saída ou espera de resultados através de voz. Mas todos os pontos ao nordeste de $Q_e V_2$ (dentro do retângulo $O Q_o Q_n Q'_n$) equivalem a combinações de melhoria da qualidade e probabilidade de sucesso da voz, que

(1) Ver Apêndice D, n. 4, a seguir.

ganharia vantagem. Por outro lado, a área ao sudoeste de Q_eV_2 indica combinações inferiores a E, que levariam à saída. A escolha entre saída e voz é uma situação da vida real onde as pessoas confrontam a escolha postulada pela moderna teoria de utilidade (von Neumann-Morgenstern) com o propósito de construir funções de utilidade: o cliente-membro escolhe entre dois cursos de ação alternativos, um dos quais (saída) traz um resultado, enquanto o outro (voz) consiste de opção lotérica ou combinação de probabilidade, levando a dois resultados. Como na teoria, um destes resultados é superior ao resultado certo da opção de voz, enquanto o outro é inferior a ele (ou não é superior a ele). A probabilidade específica estimada por quem considera a opção de voz é a probabilidade (p) de a voz trazer pelo menos uma dada melhoria de qualidade acima de Q_o. Aquele que faz a decisão a partir de Q_o, enfrenta a opção entre Q_e e a combinação de probabilidade $(p, \overset{\geq}{Q}_x; (1-p), \overset{\geq}{Q}_x)$, onde $\overset{\geq}{Q}_x$ representa qualquer qualidade igual ou maior que Q_x (até Q_n) e $\overset{<}{Q}_x$ qualquer qualidade de Q_o a Q_x (não inclusive). As curvas de indiferença resultam de variações compensatórias dos ps e dos Q_xs. Se p é igual à unidade, ou seja, se os resultados da voz fôssem certos, o cliente escolheria a saída sempre que $O_x < Q_e$ e voz quando $Q_x > Q_e$ e seria indiferente às duas opções (desde que a voz não tenha custo e seu resultado seja imediato) se $Q_x = Q_e$. Assim, no caso de certeza, a escolha só depende da posição de Q_e com relação a Q_o e Q_n, isto é, do grau de substituição do bem concorrente pelo determinado. Mas se o resultado da voz não é certo, a disposição de arriscar a voz é obviamente um importante fator na decisão do cliente.

Supõe-se que, além de conhecer suas preferências, o cliente-membro que considera a opção de voz tenha uma idéia das probabilidades de ganhos reais em cada nível de sucesso (sucesso é medido em termos de capacidade de recuperar a qualidade normal). A distribuição de probabilidade resultante leva a uma "curva de influência" como Q_oV_1, que mostra a probabilidade de a voz atingir pelo menos a melhoria esperada, acima de Q_o. A curva de influência é uma distribuição acumulável de probabilidade. Se o ponto correspondente de distribuição acumulável tivesse forma normal, a distribuição acumulável teria forma simétrica de S. A curva começa em Q_o se as chances da voz forem 100% nulas ou 100% melhores, cai abruptamente nas proximidades de um provável efeito da voz e intercepta a linha $Q_nQ'_n$ devido à otimista hipótese das chances de total recuperação através da voz serem maiores que zero.

Através das posições das curvas de influência e de indiferença passando por Q_e, é possível saber se o consumidor escolherá a voz ou a saída? Infelizmente, não é muito fácil. Tudo que se pode dizer é que haverá mais probabilidade de escolha da voz quanto maior a área de justaposição das duas curvas. A voz será escolhida se a melhoria real devido à voz exceder a mínima melhoria esperada em vista da disponibilidade da saída, numa larga escala de pontos correspondentes a melhorias de qualidade desejadas. Do mesmo modo, a opção de voz será escolhida se suas chances de sucesso excederem o máximo risco aceitável (mais uma vez, em vista da disponibilidade da opção de saída) numa larga escala de chances, considerada pelo consumidor. No caso, o consumidor escolherá a voz se considerar qualquer ponto entre P_1 e P_2 um risco aceitável. Mas escolherá saída se considerar recuperação total ou o grande risco da voz, como o obtido, quando o grau de probabilidade é maior que P_1 [2].

Freqüentemente, só se descobre maneiras de fazer a voz efetiva quando os membros tentam usá-la, como se frisou em várias partes do texto. Dessa forma, a efetividade da voz é subestimada no momento da decisão entre saída e voz. Para compensar essa subestimação, é preciso sentir que a saída também é cara, devido à lealdade à organização ou produto deteriorado. (Ver cap. 7). Em termos do diagrama, pode-se registrar o custo da saída em função da lealdade através de um movimento do ponto Q_e para a esquerda, digamos, até QL, indicando que a qualidade do produto concorrente torna-se atraente não quando é intrinsecamente superior, mas quando sua margem de superioridade é suficiente para cancelar o "custo da deslealdade" decorrente da saída do cliente. É claro que é possível que o ponto QL esteja à esquerda de Q_o; neste caso, a opção de saída seria completamente eliminada.

Do mesmo modo, o diagrama pode mostrar o possível custo direto da voz. Se a voz requer gastos de tempo e dinheiro, seu uso não terá lugar a não ser que ela produza uma melhoria de qualidade *acima* da disponível através da saída. Se Q_eQ_c é essa melhoria de qualidade extra de que a voz necessita para que valha a pena, então, a curva de indiferença que parte de Q_c, em vez da que começa em Q_e, é o limite entre os domínios de voz e saída.

Seria possível complicar a análise com uma família de curvas de indiferença correspondentes a diferentes volumes ou prováveis intensidades de voz. Para isto seria preciso ligar custos diferentes a estes volumes diferentes, podendo-se definir teoricamente um volume ótimo de voz que maximizasse os "dividendos" sobre o "custo". A única curva de influência que aparece no diagrama pode ser vista como esta curva ótima. Uma outra interpretação aparece numa situação onde a voz de cada indivíduo é apenas um ínfimo componente da provável quantidade agregada de voz. Neste caso, a estimativa do indivíduo será dupla: primeiro, ele estima o provável volume total de voz (inclusive a sua) e depois a probabilidade de ganhos "objetivos" desse volume de voz.

É evidente que a figura 3 representa a situação de escolha do indivíduo, membro ou cliente. Quando a voz e a saída são vistas como cursos de ação alternativos, alguns clientes escolherão a saída e outros a voz, pois têm diferentes mapas de preferência, diferentes estimativas de sua influência e do

(2) Se o cliente ou membro que precisa decidir entre saída ou voz apenas leva em consideração o valor esperado da distribuição de probabilidade, então, apenas um ponto dessa distribuição o preocupará, e a posição desse ponto com relação a curva de indiferença que corta Q_e produzirá uma decisão.

custo de usá-la, e até mesmo fazem estimativas diferentes da possibilidade de substituição do produto concorrente pelo deteriorado. Segundo o diagrama, não só as formas das curvas de influência e indiferença e a localização do ponto C são diferentes de um cliente para outro, mas também a posição do ponto E, como mostra o Apêndice D, nota 4.

C. O FENÔMENO REVERSO *

É possível que os primeiros consumidores a sair quando o preço de um bem para *connoisseurs* aumenta não sejam os mesmos que saem primeiro quando a qualidade declina? Este problema pode ser outra vez analisado por meio de uma simples modificação do tradicional diagrama da demanda. Suponha três compradores, A, B, e C, prontos a comprar uma unidade de um bem para *connoisseurs* aos preços P_a, P_b e P_c — sua demanda é indicada pelos respectivos retângulos alongados na fig. 4A. Suponha que o preço atual de uma unidade é P, de forma que cada um (A, B e C) compra uma unidade. A é o maior consumidor de extras, seguido por B e C. Se o preço sobe para P' e a qualidade continua a mesma, o consumidor C sai. Agora desenhe um diagrama (ver 4B) onde a ordenada representa qualidade (deterioração) no lugar de preço (aumento) e veja o que acontece se a qualidade degenera e o preço permanece. Antes da deterioração, é preciso que a qualidade seja tal, como por exemplo Q, que todos os três clientes comprem o bem. Agora a qualidade piora, até certo ponto, digamos Q_1, onde um dos três compradores é eliminado. De acordo com o cap. 4, será A e não C quem se retira. Isso porque a queda da qualidade de Q para Q_1 equivale a um aumento no preço, eliminando o consumo extra, enquanto para C, o aumento equivalente do preço é tão pequeno que ele continua no mercado. As diferentes distâncias entre a linha pontilhada e a linha horizontal que corta P indicam os diferentes preços equivalentes. A situação suposta mostra que a ordem de colocação dos três consumidores no diagrama de qualidade é *contrária* à do diagrama de preço: o consumidor marginal, do ponto de vista do preço, é o mais intramarginal no caso de queda da qualidade e vice-versa.

É claro que este "fenômeno reverso" é apenas uma das várias possibilidades. Para que um bem seja classificado como bem para *connoisseurs*, é preciso (a) que o declínio de qualidade traduzível para aumentos equivalentes do preço sejam diferentes para consumidores diferentes e (b) que esses equivalentes sejam positivamente correlatos aos extras de consumo correspondentes [1]. As duas condições são compatíveis com situações onde C, o consumidor marginal de preço, sai primeiro também quando a qualidade cai, enquanto A, o consumidor mais consciente de qualidade permanece por mais tempo em caso de declínio da qualidade, simplesmente porque tem um

---

(1) Deve ser adicionado que essa segunda condição só define um bem para *connoisseurs*, quando a renda dos consumidores não é muito diferente.

(*) Ver pp. 54-57 do texto.

consumo extra tão grande, que mesmo um grande aumento no preço equivalente a um dado declínio de qualidade não o elimina. No diagrama de preço, a distância entre a linha pontilhada e a linha P, de preço, indicam esta possibilidade. Em tal situação, são excelentes as chances de a voz ter um papel importante, pois os consumidores de alto consumo extra, obviamente descontentes com o desconforto, não têm uma alterna-

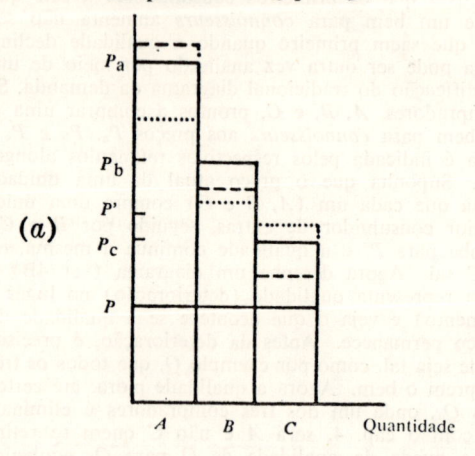

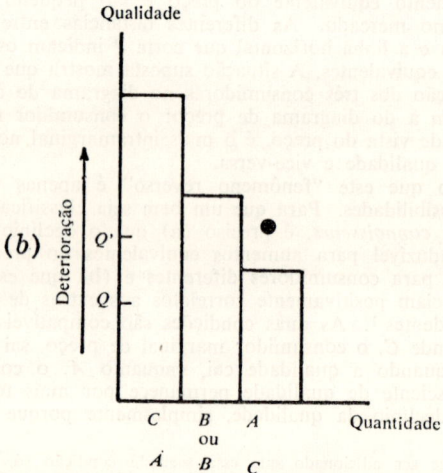

Fig. 4 — Possibilidade do fenômeno reverso no caso de bens para connoisseurs.

tiva satisfatória. Assim, enquanto continuam comprando o
bem, usarão de toda a influência que tiverem para melhorar
a qualidade.

D. REAÇÕES DO CONSUMIDOR A AUMENTOS NO PREÇO E A DECLÍNIO DA QUALIDADE NO CASO DE VÁRIOS BENS PARA CONNOISSEURS *

O consumidor que deseja um bem para *connoisseur* pode
escolher entre as numerosas variedades disponíveis. Ele está
disposto a pagar mais pela melhor qualidade, obviamente dentro dos limites de (a) seu orçamento e (b) sua capacidade
de apreciar qualidade ainda mais alta. Assim, cada consumidor tem um mapa de indiferença, indicando as várias combinações de preço e qualidade que trazem satisfação equivalente a uma *dada quantidade* (digamos, um carro ou uma
caixa de champanhe) do bem.

Na figura 5A, há várias destas curvas de indiferença, onde
a abscissa mede a qualidade (melhoria) e a ordenada mede
o preço (aumento) de forma que qualquer movimento na
direção sudoeste (em vez de, como é normal, nordeste) representa aqui um aumento do bem-estar do consumidor.

Os dois limites dentro dos quais os consumidores estão
colocados são indicados pelas linhas chamadas "teto de apreciação da qualidade" e "teto orçamentário". No diagrama,
há apenas um par de tetos, mas é claro que eles são bem diferentes para consumidores diferentes. O teto de apreciação
de qualidade indica o limite além do qual o consumidor é
incapaz de qualquer satisfação adicional com a melhoria da
qualidade. Ele não estará disposto a pagar mais pela qualidade
além deste teto. O teto orçamentário pode ser entendido como
ou a renda total do consumidor, se há apenas um bem; ou,
num mundo de muitos bens, um número arbitrário que ele se
estabeleceu, aos preços correntes, como limite para seus gastos no artigo em questão [1]. As curvas de indiferença podem
atingir o teto orçamentário antes do teto de apreciação de
qualidade, como no caso da curva de indiferença AA', que
representa o consumidor sensível ou consciente de qualidade,

---

[1] Supõe-se que o número de unidades compradas do bem para
connoisseur permanece o mesmo quando os consumidores substituem
alguma nova variedade do bem pelo habitual, em conseqüência de mudanças na qualidade ou preço do último. É aqui analisada a relação
entre diferentes variedades (combinações preço-qualidade) do bem, em
vez de relação qualidade-quantidade. Para uma asálise da última relação,
ver H. S. HOUTHAKKER, "Compensated Changes in Quantities and Qualities Consumed", *Review of Economic Studies*, 19: 155-164, (1952-1953).
Embora freqüentemente, em suas compras, o consumidor troque qualidade por quantidade, a situação em pauta talvez seja mais prática. Isso
porque muitas decisões importantes dos consumidores são indivisíveis ou
consideradas indivisíveis; o consumidor tem *um* jantar, *um* carro, *uma*
escola para seus filhos, e na sua mente, pesa os preços destes bens e
serviços em função da qualidade em vez de ajustar as quantidades compradas à qualidade.

(*) Ver pp. 6-60 do texto.

que gratifica prontamente mesmo pequenas melhorias de qualidade. A curva de indiferença BB' representa o consumidor insensível ou consciente de preço, que requer melhorias substanciais da qualidade antes de pagar mais caro pelo artigo. A linha BB' atinge o teto de apreciação de qualidade antes do teto orçamentário: neste ponto, torna-se horizontal, indicando exatamente que melhor qualidade não aumenta o bem-estar e elimina, portanto, a aceitação de um preço mais alto.

A análise seguinte é baseada na hipótese de que ambos, consumidores conscientes de qualidade e consumidores conscientes de preço, situam-se abaixo dos dois tetos. Os orçamentos, em particular, não estabelecem limites rígidos de qualidade [2].

Agora podemos examinar as condições nas quais os consumidores mudam de uma combinação qualidade-preço para outra, em caso de declínio da qualidade ou aumento do preço da marca habitual. Primeiro suponha-se que só existem duas variedades do bem para *connoisseur*, uma representada pela combinação qualidade-preço do ponto P, a outra pelo ponto P', onde tanto o preço como a qualidade são *mais altos*. Depois consideraremos uma terceira variedade representada pelo ponto P'', onde preço e qualidade são inferiores aos de P. O diagrama foi traçado de forma que ambos os consumidores atinjam sua mais alta curva de indiferença comprando a variedade P [3].

O que acontece durante o declínio gradual da qualidade da marca habitual? Se o preço continua o mesmo, o declínio da qualidade pode ser indicado pela linha horizontal que leva a oeste de P. No ponto SA (ponto de saída de A), esta linha intercepta uma curva de indiferença do consumidor consciente de qualidade que passa por P', mercadoria de melhor qualidade, bem antes de cruzar E_B, uma curva de indiferença semelhante, pertencente ao consumidor menos sensível. Assim fica claro que sempre que o outro bem disponível é de qualidade e preço superiores, o consumidor consciente de qualidade sairá antes que o menos exigente. O mesmo raciocínio pode provar a proposição conversa: o consumidor menos exigente sai primeiro quando a única marca concorrente disponível é de qua-

---

(2) Se a relação qualidade-preço é uniforme para todos os consumidores, como era aproximadamente o caso nos exemplos dos pneus ou dos serviços ferroviários citados no cap. 4, então, as curvas de indiferença serão paralelas e uniformes. Um exemplo mais exagerado: suponha-se que a diferença de "qualidade" entre duas "variedades" de dentifrícios significa que uma delas contém exatamente duas vezes o número de gramas da mesma substância. Então, exceto pela introdução de preferência de tempo, espaço para depósito e outros fatores relativamente menos importantes, o consumidor será indiferente a elas, desde que o tubo maior custe o dobro.

(3) Isso é indicado pelo fato de as outras marcas disponíveis como P' e P" serem inferiores a ambas AA' e BB'. O diagrama mostra a possibilidade de ambos os tipos de consumidores comprarem a *mesma* variedade, como é constante no mercado. Só quando a escala de variedades disponíveis é contínua, de forma que a "curva de conexão de variedades" (ver adiante) seja de fato uma curva, em vez de um número limitado de pontos, é que os consumidores de gostos diferentes com relação a combinações preço-qualidade nunca compra a mesma variedade.

lidade e preço inferiores, indicada no diagrama pelo ponto P''. Quando ambos os substitutos, o de qualidade e preço superiores e o de qualidade e preço inferiores, estão disponíveis, em caso de deterioração de P, os consumidores conscientes de qualidade sairão para P' e, mais tarde no processo de deterioração, os consumidores menos sensíveis sairão para P'' [4].

Com a ajuda do diagrama pode-se definir mais precisamente o fenômeno reverso, isto é, a tendência do consumidor intramarginal de preço sair primeiro quando a qualidade cai. É interessante não haver fenômeno reverso quando só existem duas variedades, ou P e P', ou P e P''. Suponha que só existe o primeiro par. A linha vertical que começa em P indicará aumento no preço da variedade P, assim como a horizontal indicará declínio de qualidade. Está claro que as duas linhas cruzarão primeiro a curva de indiferença do consumidor consciente de qualidade em P'. Não há fenômeno reverso nesse caso, embora o consumidor consciente saia muito mais prontamente em caso de declínio de qualidade que em caso de aumento do preço; mas ele será sempre o primeiro a sair, assim como no caso oposto, quando existem apenas P e P'', o consumidor menos sensível estaria sempre nesse papel. Para que apareça o fenômeno reverso, é necessário especificar-se a existência de pelo menos três bens (variedades), P, P', e P'', com P' e P'' dos lados opostos de P. Então, como mostra a figura 5B aumentada, a linha do aumento dos preços cruza primeiro a curva de indiferença dos consumidores menos exigentes em P'', enquanto a linha de declínio de qualidade cruza primeiro a curva de indiferença dos consumidores mais exigentes em P'. Em outras palavras, quando o preço do bem normalmente comprado aumenta, o consumidor menos sensível sai primeiro (para P''), enquanto o consumidor altamente consciente de qualidade sai primeiro, quando a qualidade cai (para P'). Em relação ao que acontece em caso de aumento do preço, a ordem na qual os dois consumidores saem é revertida.

Assim, longe de ser uma raridade, o fenômeno reverso parece regra nos mercados de concorrência, onde várias combinações preço-qualidade estão disponíveis.

Mais uma nota, P, P' e P'' representam, no diagrama, as várias marcas que o consumidor pode escolher. É claro que se uma curva de "conexão de variedades" fosse traçada através de P, P' e P'', ela seria, como a curva de "transformação", convexa na direção oposta à das curvas de indiferença. Isto porque será cada vez mais caro melhorar a qualidade man-

---

(4) Do ponto de vista de um consumidor em particular, um bem superior à variedade normalmente comprada, em termos de preço e qualidade, pode converter-se num bem de satisfação equivalente, com o mesmo preço que o habitual e qualidade pior. É claro que a "variedade equivalente" difere para consumidores de níveis diferentes de qualidade e preço. Por essa razão, foi dito que o ponto Qe, na fig. 3, poderia ser diferente para consumidores diferentes. Podemos deixar de lado a suposição aparentemente restritiva de que o ponto Qe representa um bem de qualidade inferior e preço idêntico, sem mudar a análise apresentada da escolha entre voz e saída. O ponto Qe deve ser reinterpretado, no mapa de preferência do consumidor individual, como o equivalente de preço idêntico de uma variedade cujos preços e qualidades diferem dos da normalmente comprada.

tendo a quantidade (a quantidade é medida por um critério objetivo, isto é, um critério diferente do próprio preço). O diagrama esclarece que a rapidez com que os consumidores conscientes de qualidade deixarão a firma em declínio dependerá em grande escala da disponibilidade de um produto substituto próximo de melhor qualidade.

Por esta razão, como vimos no capítulo 7, as diferentes *densidades* (as distintas variedades ocupam a "curva de conexão de variedades" com densidades diferentes) próximas ao ponto em particular em observação são de grande importância por estimar os papéis da voz e da saída.

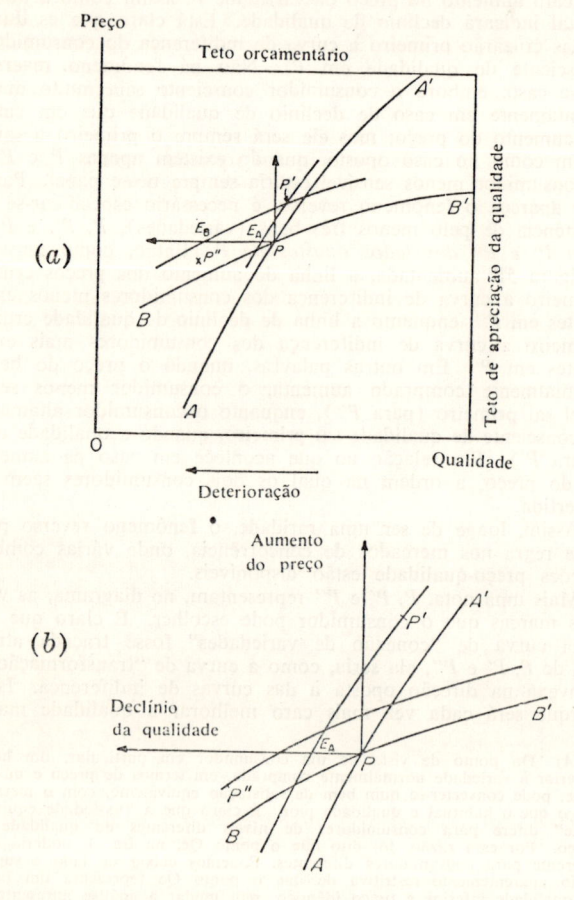

Fig. 5. Reações de consumidores conscientes de preço e de consumidores conscientes de qualidade ao aumento no preço e ao declínio da qualidade.

140

E. OS EFEITOS DA INICIAÇÃO SEVERA NA ATIVIDADE: PLANO PARA UMA EXPERIÊNCIA *

Neste livro, o problema básico é a reação dos membros de um grupo à deterioração de seu funcionamento, atividades ou *output*, reação esta que não foi diretamente investigada pelos psicólogos sociais. Contudo, tem-se dado atenção, através de teorias e experiências, a um assunto mais ou menos próximo: a análise das reações de várias categorias de membros que, ao entrar num grupo, encontraram atividades menos agradáveis, úteis ou lucrativas do que esperavam. Uma aplicação interessante, e um tanto inesperada, da *Teoria da Dissonância Cognitiva*, de Leon Festinger mostrou que a ligação a um grupo aumenta com o rigor da iniciação requerida para a admissão nele; isto é, quem sofre para entrar num grupo o achará mais interessante do que quem não sofreu. Se as atividades do grupo são colocadas de forma a desapontar "objetivamente", o membro que sofreu a iniciação rigorosa as verá menos decepcionantes que os que pagaram pouco ou os que não pagaram pela entrada. A hipótese desenvolvida no capítulo 7 ameaça, ou pelo menos, modifica substancialmente esta descoberta. Ali, aqueles que passaram pela iniciação poderiam, em certas ocasiões, tornar-se minoria ativa, capaz de adotar atitudes reformistas, rebeldes ou separatistas. Antes de detalhar tal hipótese, examinaremos o estado atual da ciência neste campo.

Os efeitos da seleção rigorosa na ligação ao grupo

Normalmente, todos os grupos têm aspectos de que o indivíduo não gosta. Se ele experimentou uma iniciação desagradável, dolorida, ou de outra forma rigorosa, a cognição de ter passado por tão desagradável provação para ser admitido na sociedade é dissonante com as cognições concernentes aos aspectos indesejáveis do grupo. A dissonância pode ser reduzida de duas formas: mudando a cognição sobre a desagradável iniciação, isto é, por minimizar sua provação; ou mudando as cognições sobre os traços indesejáveis do grupo, pondo ênfase nos atraentes e ignorando os outros. No caso de iniciações mais leves, (baixa dissonância), é mais provável que se use a primeira alternativa, mas quanto mais rigorosa a iniciação (dissonância mais alta), mais difícil deformar os fatos objetivos da severidade. Aí, é mais fácil transformar a opinião subjetiva sobre o grupo. Assim, a dissonância aumenta conforme a iniciação é mais severa, e a ligação ao grupo deve aumentar para reduzir esta dissonância.

Testando essa teoria, Aronson e Mills [1] fizeram experiências com universitárias, voluntárias a participar de discussões

(1) Ver cap. 7, n. 10.
(*) Ver pp. 96-98 do texto. Este apêndice foi escrito por Philip G. Zimbardo e Mark Snyder em colaboração com o autor.

coletivas sobre sexo. Algumas receberam iniciação severa (alta dissonância); outras, iniciação mais suave (baixa dissonância), e outras faziam parte de um grupo de controle (sem iniciação). A iniciação severa consistia na leitura em voz alta, para participantes homens, de doze palavras obcenas e duas vívidas descrições de comportamento sexual. A iniciação suave requeria leitura em voz alta de apenas cinco palavras ingênuas relacionadas a sexo. O grupo de controle não leu alto. Todas as participantes foram então informadas de que tinham passado no teste de constrangimento e poderiam portanto assistir a uma discussão de planejamento do grupo. Como material de estímulo, a participante era obrigada a ouvir os outros, mas não podia falar, sob pretexto de que estava sendo discutido um livro que ela não tinha lido. Ouviu depois uma discussão banal sobre a atividade sexual secundária dos animais inferiores, na qual o grupo entediante (quatro meninas de ginásio), se contradizia e era em geral muito desinteressante. No fim desta discussão, cada uma das participantes dava uma nota à discussão e aos participantes. As notas serviram como medidas dependentes de atitude com relação ao grupo.

Os resultados foram contrastantes. As que passaram pela iniciação rígida (ler material obsceno), gostaram do grupo e de seus membros mais que qualquer das meninas que experimentaram iniciação mais leve ou nenhuma iniciação. Os últimos dois grupos não diferiram um do outro.

A experiência e os resultados de Aronson-Mills têm sido motivo de numerosas críticas e explicações. As críticas se concentraram em certos aspectos do procedimento usado para tratar os relacionamentos conceituais entre iniciação severa e ligação ao grupo. Tanto a iniciação como a discussão eram relativas a sexo; assim, a iniciação rigorosa talvez tenha sexualmente excitado as meninas, fazendo-as mais ansiosas para serem admitidas no grupo. Ou talvez a iniciação tivesse criado a expectativa de mais discussões interessantes e *sexy* no futuro. Também é possível que as participantes bem sucedidas na iniciação tivessem classificado o grupo como agradável por terem sido mais estimuladas pelo seu bom desempenho.

As críticas serão reavaliadas se refizermos a experiência de Aronson-Mills eliminando (1) aquelas conclusões baseadas no conteúdo da iniciação, através do uso de uma iniciação qualitativamente diferente da natureza da discussão de grupo e (2) as conclusões baseadas na sensação de sucesso relativo, anulando a reação de sucesso ou fracasso na tarefa de iniciação.

Gerard e Mathewson [2] realizaram esta experiência utilizando dor física (choque elétrico) como iniciação, variando a presença ou ausência do teste de *feedback* e incluindo condições nas quais os participantes levavam choques sem saber que isso era parte do processo de iniciação. Os resultados confirmaram a teoria da dissonância, quanto mais severa a iniciação (dor crescente), mais os participantes gostam da entediante discussão de grupo (dessa vez, a respeito de cola nas universidades), sabendo ou não se passaram no teste (da dor). A "não iniciação", (apenas choque, sem ser descrito como iniciação)

(2) Ver Cap. 7, n. 10.

não cria dissonância com a natureza monótona da discussão porque não se sofreu com o propósito expresso de ser admitido no grupo monótono. Neste caso, não haveria a ligação crescente. O fato de as predições de dissonância realizarem-se somente quando há dissonância em potencial (apenas em condições de iniciação), apóia a teoria da dissonância, a relação entre iniciação severa e ligação ao grupo. De fato, os resultados foram ainda mais convincentes que os da experiência Aronson-Mills.

Os efeitos da iniciação severa na atividade

Nas experiências de Aronson-Mills e Gerard-Mathewson, as participantes experimentavam as atividades do grupo apenas uma vez, durante uma breve sessão. Além disso, não havia lugar para qualquer iniciativa ou participação ativa de qualquer dos iniciados. Estas duas condições são irreais. As atividades de grupo se prolongam por um longo período e os membros não "experimentam os acontecimentos" apenas passivamente. Portanto, é provável que as experiências até aqui feitas tenham testado apenas a reação *inicial* dos participantes (de iniciação severa ou suave) a um grupo insatisfatório. Uma vez que os iniciados se tornam membros do grupo, se as atividades continuam decepcionantes, a cognição gradualmente se transforma. É cada vez menos possível destruir a dissonância, mas surgem duas novas formas de reduzi-la que atraem, principalmente, os que entraram no grupo com grandes expectativas devido à iniciação severa: (1) saída do grupo e (2) reorganização ativa e melhoria do grupo através de inovação e reforma.

A primeira alternativa só é possível quando é fácil demitir-se do grupo; isto é, quando o *custo da saída* é baixo. Além disso, não é necessariamente a solução satisfatória, pois gera mais dissonância (entre as cognições "sofri para ser admitido" e "agora vou deixar o grupo"). Se se tem acesso a grupos semelhantes, que sirvam aos mesmos ideais funcionais, é provável haver uma mudança. Quando a saída é cara ou difícil, é provável que se tente reduzir a dissonância gerada pela saída, procurando-se apoio social para a decisão de sair: pode-se tentar convencer outras pessoas a fazer o mesmo. Em outras palavras, aquele que passou pela iniciação rigorosa será crítico do grupo, ou "de dentro", ameaçando saída e pressionando outros a fazer o mesmo, ou "de fora", depois da saída.

A segunda alternativa é teórica e praticamente mais interessante. Quando a saída é difícil ou impossível, uma forma efetiva de reduzir a dissonância entre a ligação ao grupo e suas deficiências é reorganizá-lo, eliminando seus aspectos negativos. Esta solução beneficia o indivíduo porque resolve seu dilema cognitivo. É ainda de maior valor para o grupo pois o melhora através da inovação e aumenta sua perspectiva de viabilidade a longo prazo. A probabilidade de atividade e inovação ocorre como reação à discrepância entre as expectativas e a realidade desagradável do grupo. É também uma função dos vários custos impostos ao indivíduo no curso deste comportamento. Por exemplo, ele precisa gastar tempo, esforço e habilidade, além de correr o risco de ser considerado errado, caso não possa mudar o grupo ou não seja capaz de influir suficientemente.

Podemos resumir agora as novas hipóteses a serem testadas. Indivíduos que experimentam iniciação severa para tornarem-se membros de um grupo que se revela insatisfatório, somente no início gostarão mais do grupo que os que passaram por iniciação suave. Logo, eles liderarão atividades inovadoras com o propósito de eliminar os aspectos insatisfatórios do grupo. Isto resultará na sugestão de formas de melhorá-lo, comunicando-se com seus líderes e outros membros. Além disso, os que passaram por iniciação severa e depois saem ativamente, recrutarão outros membros para sair com eles e procurarão apoio social de outras formas.

Quando agirem, no sentido de melhorar o grupo ou sair dele, é provável que os que passaram por iniciação severa se justifiquem a si próprios e aos outros retratando o estado do grupo como ainda mais "podre" do que realmente é; e, a esta altura, eles terão pior opinião do grupo que os que experimentaram iniciação suave. Assim, durante sua experiência como membros do grupo, os (severamente) iniciados passarão do estado onde gostavam *mais* do grupo que os outros a um estado onde gostam *menos*. É interessante verificar como isso pode ser provado experimentalmente.

A experiência

A hipótese acima será testada num paradigma experimental, baseado no usado por Aronson e Mills (1959) e Gerard e Mathewson (1966) com uma diferença: os participantes de fato atenderão a várias sessões de um grupo totalmente desinteressante.

Os estudantes da Universidade de Stanford se voluntariam a participar de uma série de cinco sessões de treinamento hipnótico, pelas quais recebem x dólares. Os participantes passam por uma iniciação severa, suave ou nenhuma (grupo de controle). São levados a acreditar que se não completarem as cinco séries perderão os x dólares (alto custo de saída), ou apenas o pagamento pelas sessões perdidas (baixo custo de saída). Aparece, então, uma fatorial 3 × 2, com iniciação severa e custo de saída como fatores. A experiência presente consiste apenas do processo de iniciação e de três sessões, durante as quais se faz um levantamento da ligação ao grupo, suas atividades e membros, e há várias oportunidades de demonstrar atividade ou inovação que melhorem a organização desinteressante e suas atividades.

Processo

Quando os participantes voluntários a participar do programa de treinamento hipnótico de cinco sessões chegam ao laboratório, preenchem um questionário biográfico no qual os itenschave são as razões pelas quais se voluntariaram e o que esperam do grupo, suas atividades e membros: escalas contínuas de 100 pontos medem amor, interesse, monotonia, produtividade, valor educacional, inteligência, divertimento, atração pelo grupo, organização etc. Essas escalas se repetem após cada iniciação e cada sessão para medir o interesse e a atração pelo grupo. O critério de medida é a comparação com dados de um grupo de pessoas que passaram realmente por uma série interessante de sessões hipnóticas.

Então, os participantes, exceto os do grupo de controle, passam por uma iniciação descrita como processo de seleção para eliminar os que são psicológica ou fisicamente incapazes de trabalhar com hipnose ou de se dar bem com o resto do grupo. As iniciações, severa ou suave, são distribuídas ao acaso, e o grupo de controle não participa deste estágio do processo.

A vantagem de usar o treinamento hipnótico como principal atividade do grupo é que se pode introduzir a severidade de iniciação como parte do processo de estimativa (que foi um tanto artificial nos dois estudos anteriores). A iniciação severa consiste de uma série de atividades que envolvem um grau razoável de esforço físico ou desconforto. A iniciação suave consiste de uma versão de qualidade idêntica, porém em menor quantidade, do processo de iniciação severa. Todas elas são descritas aos participantes como atividades usadas para avaliar os efeitos da hipnose no funcionamento fisiológico e psicológico. Depois da iniciação, o participante é informado das condições de pagamento pela participação no projeto: ou receita de x dólares no fim, *apenas* se comparecer a todas as sessões (alto custo de manipulação da saída) ou perda de $x/5$ dólares para cada sessão não completada (baixo custo de manipulação da saída).

Antes de entrar no grupo, cada participante lê a autobiografia dos outros, é informado de que trabalhará com esse grupo todo o tempo e, então, completa um questionário que mede suas expectativas com relação às medidas esperadas de atração pelo grupo que as sessões produzirão e as medidas de ligação ao grupo que a iniciação severa é capaz de provocar. Cada participante é, então, apresentado aos outros membros do grupo. Cada grupo consiste de 7 participantes: 2 que passam por iniciação severa, 2 que passam por iniciação suave, 2 para o grupo de controle, um auxiliar do experimentador (sem que os outros o saibam) cujo papel será descrito adiante, e um chefe de grupo (um experimentador, que os outros também não conhecem).

Sessão 1: a primeira sessão consiste de um discurso gravado intitulado "O que é a hipnose?", no qual o orador apresenta uma longa e monótona coleção de "pequenos fatos conhecidos sobre a hipnose", incluindo principalmente informações triviais a respeito de hipnotizadores antigos e uma discussão confusa e contraditória sobre projetos experimentais para a avaliação do sucesso da hipnose. Os participantes são então submetidos a um teste padrão de suscetibilidade hipnótica (gravado), longo e sem interesse. Nesse ponto anuncia-se um intervalo, antes do qual pede-se aos participantes que, mais uma vez, graduem suas atitudes com relação ao grupo.

Sessão 2: após um intervalo de dez minutos, durante o qual não se permite aos participantes discutir os acontecimentos (pedem-lhes que pensem sobre o que aprenderam e depois completem com atenção as classificações sobre o grupo), continua a segunda sessão. O teste gravado de suscetibilidade da primeira sessão é repetido (por "segurança"), após o que, o líder do grupo o "interpreta." Pouco depois, ele inicia uma conversa monótona sobre suscetibilidade hipnótica e as estatísticas importantes. O auxiliar, acima referido, ameaça sair, dizendo que não foi para isso que ele se voluntariou e pergunta quantos outros sairão com ele. O experimentador esclarece que a participação tem que ser voluntária e que apenas os participantes dispostos podem ser usados, de forma que os que quiserem podem sair. O número de participantes que concorda com o auxiliar é usado como medida de saída, assim como o número de participantes que espontaneamente expressarem vontade de sair. Pede-se aos participantes que ameaçam sair que fiquem até o fim da terceira sessão e que não voltem na próxima tarde para as últimas duas sessões. Assim, não há problema de perda de participantes. Podemos também notar as tentativas dos membros de evitar que alguém saia. No fim dessa sessão, o experimentador distribui de novo o questionário regular para medir as atitudes em relação ao grupo e um outro questionário pedindo sugestões para modificar a organização e as atividades do grupo. Isto serve como uma terceira medida de criação e inovação.

Sessão 3: depois de um curto intervalo, começa a 3.ª sessão, sem a presença do experimentador. Um estudante formado entra na sala e informa ao grupo que o chefe lhe pediu para terminar a sessão, falar a respeito das próximas sessões e tomar algumas informações. Diz que as duas próximas sessões serão semelhantes às últimas e dá uns detalhes sobre elas. Revê as medidas originais de atração pelo grupo de cada participante de forma a salientar a dissonância — (ele faz isso em particular).

Depois, é dito aos participantes que aqueles que desejam ver o instrutor para discutir as atividades do grupo ou sua participação poderiam vê-lo no seu horário de serviço, podendo marcar uma entrevista. Pede-se que indiquem qual o assunto que pretendem discutir e a que hora chegarão, e que façam uma estimativa do tempo que desejam passar com o chefe do grupo. Estas expressões de intenção servem como medida de "motivação à inovação" e o número de participantes que realmente comparece à entrevista, como medida puramente comportamental.

Finalmente, o estudante lidera uma discussão "espontânea" iniciada pelo auxiliar (se outra pessoa não o fizer). Ela é gravada e arquivada, tendo em vista inovação, sugestões para a melhoria do grupo e ameaças de saída da parte de cada participante. A sessão termina com o aviso de que as duas sessões finais terão lugar nas duas próximas tardes. No dia seguinte, aqueles que comparecem são dispensados, pagos pela sua participação e lhes dão a oportunidade de participar de um treinamento hipnótico verdadeiro. Aqueles que não aparecem são do mesmo modo dispensados e pagos; a eles oferecem a oportunidade de treinamento real, por correspondência. Todos os participantes recebem um relatório completo dos resultados da experiência uma vez concluída.

Sumário das medidas de reação

Neste estudo, as medidas dependentes são as seguintes:
1. Medidas de ligação à atração pelo grupo:
   a. pré-experimental
   b. pós-iniciação
   c. após cada sessão
2. Medidas de saída:
   a. espontâneas
   b. em reação às ameaças de saída do modelo
3. Medidas de voz e inovação
   a. comentários espontâneos
   b. sugestões do questionário
   c. marcar entrevistas com o líder do grupo
   d. desempenho nas discussões de grupo
   e. presença nas entrevistas com o líder do grupo e comentários feitos nesta entrevista.

Resultados esperados

1. Haverá maior atração pelo grupo (inicial), quando a severidade da iniciação for maior.
2. Haverá maior atração inicial pelo grupo, quando o custo de saída for mais alto.
3. Haverá maior freqüência de ameaças de saída, conforme os custos de saída e a severidade da iniciação forem menores — nos primeiros estágios da insatisfação.
4. Haverá mais saídas do grupo, se o custo de saída e a iniciação são mínimos.
5. Com o tempo, ocorrerá marcante mudança na atitude com relação ao grupo daqueles participantes que passaram por iniciação severa (ou custos altos de saída). Haverá pouca ou nenhuma crítica a princípio, (eles inicialmente até defenderão o grupo de críticas), mas a certa altura, estes participantes tornar-se-ão mais críticos ao grupo, conforme se orientarem no sentido da voz ou da saída.
6. Qualquer nova ação no grupo será gerada por participantes que passaram pela iniciação severa e que foram submetidos a altos custos de saída.
7. Porém, se os participantes não são capazes de influenciar o grupo e realmente saem, seu alto grau de motivação será usado contra o grupo. Eles, muito mais que os primeiros membros que saíram, submetidos à iniciação mais suave e a custos de saída mais baixos, passarão a minar o grupo ativamente. Provavelmente procurarão apoio social para sua saída, de preferência convencendo outros a fazer o mesmo.

ÍNDICE DE REFERÊNCIAS

Acionistas, 53.
Ações, 21.
Acton, Lorde, 116.
Agências Reguladoras, 50.
Almond Gabriel A., 10, 40n., 42n., 98n.
Alternativas, disponibilidade de, 73-75, 76-78, 139.
Ambiente, 23.
América Latina, 66, 86.
American Capitalism (Galbraith), 63.
Anderson, Norman H., 94n.
Apatia política, 41.
Apter, David, 99n.
Aronson, E., 96n., 97n., 141-142, 144.

Arrow Kenneth, 28.
Associações voluntárias, 16, 18, 120.
Atividade, 96, política, 41, 77-78; e iniciação severa, 141-147.
Ayres, R. E., 78n.

Ball, George, 115n., 117n.
Banfield Edward, 47.
Baran, Paul, 24n.
Becker, Gary, 22.
Behavioral Theory of the Firm, The (Cyert e March), 22.
Bens de Consumo Durável, 49.

Bens (Males) Públicos, 102, 115.
Bergson, Abram, 10.
Bickel, Alexander M., 89n.
Black Power, 10, 110, 112.
Bloch-Lainé, François, 64n.
Boicote, 90.
Bolívia, 111.
Bonini, Charles, P., 24n.
Bowen, W. G., 78n.
Brain drain, 86.
Brasil, nordeste do, 111.
Britânicos, 118.
Bunzel, John H., 110n.
Burocracia, ver Governo.

Carmichael, Stokely, 110n.
Center for Advanced Study in the Behavioral Sciences, 9, 17.
Chamberlain, Neville, 117.
Cheng, Hin Yong, 64n.
CIO-AFL, 38; Acordo de Não-Agressão, 38.
Clark, John Maurice, 32n.
Clausen, A. R., 77n.
Coerção, 99n.
Colômbia, 66.
Comportamento, falhas de, 13-15; do membro leal, 86-105.
Concorrência, 10, 14-15, 31-32, 61-67; monopolística, 15; "normal" 31; como mecanismo de recuperação, 33; como comportamento conspiratório, 35-38, 123; e eficiência do monopólio, 63; na ideologia americana, 112.
Congresso, partido do, Índia, 88.
"*Connoisseur*", bens para, 56-60, 136-137; definição, 136; e aumento do preço e declínio da qualidade, 137-140.
Consumer Reports, 35.
Consumidores, 31, 124; e custo da opção de voz, 47; canais de comunicação para, 49-50; conscientes de qualidade, 56-57, 83-96; sensibilidade a mudanças de qualidade, 66; "cativo", 77-80.

Consumo extra, 54-56, 137-139.
Cooper, Duff, 117.
Converse, P. E., 77n.
Clientes: opções de expressar a insatisfação, 15; e opção de saída, 24, 28-34; como mecanismo de *feedback*, 33-34; aquisição de novos, 35; e opção de voz, 38-41; escolha entre voz e saída, 133-136. Ver também Consumidores.
Criatividade, ver Inovação.
Crescimento, 21; e estrutura de concorrência do mercado, 32.
Compulsão à felicidade, 113-114.
Crook, John Hurrell, 16n.
Crozier, Michel, 115n.
Custos, 33, 46-50.
Cyert, Richard, 22-23.

Dahl, Robert, 41, 76.
Davis, Otto A., 71n.
Decatur, Stephen, 83.
Decadência, declínio, deterioração, ver Insatisfação, Entropia, Desempenho, Qualidade.
Demanda, 14, 33; elasticidade-qualidade da, 33-36, 40-41, 43-44, inelasticidade e voz, 42-43; e teoria da locação, 72-73.
Democrático, partido, 74, 78; eleições, de 1968, 75-76.
Depressão, ver Grande Depressão.
Descontentamento do consumidor, ver Insatisfação.
Desempenho: declínio do, 13, 15, 45, 66, 82; amplitude nas sociedades humanas, 17; e potencial, 23-24; reabilitação do enfraquecido, 32-34; e opção de voz, 38-39, 48.
Dissonância Cognitiva, 96-97, 142-144; modificação da teoria de, 96-97, 113-114 141, 143-147.
Divórcio, 10, 84.
Dodd, D. L., 54n.

Dore, R. P., 67n, 111n.
Downs, Anthony, 75-78.
Dunlop, John, 38n.
Duopólio, 73-76.

Economia, economistas: e falhas, 13-17; e saída, 25-26, 38, 40-41; e voz, 25-27, 122.
Economia, 14; esperança de racionalidade na, 13-15; *slack* versus economia de pleno emprego, 20-22. Ver também *slack*.
Eden, Anthony, 117.
Educação, 26-27, 52-55; declínio de qualidade da, 55-57, papel da voz, 59. Ver também, Escolas.
Eficiência, 32-33; e voz, 42, 43-44; em situações monopolísticas, 63-64; e presença da concorrência, 65.
Eisenhower, Dwight D., 75.
Eleitores "cativos", 74-80.
Eliot, T. S., 108.
Elites políticas, 41, 64.
Ellsberg, Daniel, 117n.
Entropia, 24.
Erikson, Erik, 56, 98.
Escolas, 101-102; públicas, 26, 53; particulares, 53; declínio da qualidade nas, 57-58. Ver também Educação.
Estado, 27, 42, 82; e o alto preço de saída, 98-99.
Estados Unidos, 108-110, 112-113, 122.
Estudiosos de Ciências Políticas, 13-16, 40.
Excomunhão, 82.
Exílio político, 65-66.
Exploração monopolística, 63-64.
Expulsão, 82, 98.
Extra, 17-21; atitudes ambivalentes com relação à produção de, 18-19.

Família, 26, 42, 82, 98; e alto preço de saída, 98-99.
Feedback, mecanismo de, 52, 95, 121-123, 143.
Ferguson, Adam, 95n.
Ferrovias, 9, 52-53, 122.
Festinger, Leon, 97n. Teoria da Dissonância Cognitiva, 141.
Firmas Comerciais, 13, 47, 70-72.
Fishlow, Albert, 10.
Ford Motor Company, 37n.
French, David. S., 10, 32n.
Friedman, Milton, 26, 123n.
Fronteira Americana, 108.

Galbraith, John Kenneth, 32, 48n, 63.
Gangs, 98-99.
Garson, Barbara, 114n, 117.
General Motors Corporation, 37n.
Gerard H. B., 96n, 143, 144.
Goldwater, Senador Barry, 75.
Governo (burocracia), saída do, 102-105, 113-117.
Graham, B., 54n.
Grande Depressão, 74.

Habitação, 57.
Hall, John W., 111n.
Hall, K. R. L., 94n.
Hamilton, Charles V., 110.
Hare, Nathan, 110n.
Hartz, Louis, 108n.
Hayeck, F. A., 95n.
Hicks, John, 61.
Hinch, Melvin, 71n, 74n.
Hippies, 109.
Hofstadter, Richard, 109.
Hotelling, Harold, 73-78.
Houthakker, *H. S.*, 137n.
Hovland, Carl, I., 124n.

Ideologia, 10, 86; política, 71-75; saída e voz na americana, 107-118.
Igreja, 42, 82, 98.
Índios dos Andes, 110.
Individualismo, 109-110; e mobilidade social, 109-110.
Influência: política, 46; e exercício da opção de voz, 47-48, 74-75, 122; e lealdade, 81-86.
Inglaterra, 17.
Iniciação, 94-103; e consciência de qualidade, 98; e atividade, 141-147; e amor ao grupo, 141-144; e melhoria do grupo, 144-145.

151

Iniciativa privada, 32, 53.
Inovação, 24, 50; e a estrutura competitiva de mercado, 32-33; e a opção de voz, 85, 124; e melhoria do grupo, 143-145, 147.
Insatisfação, 16, 66-67; e maximização de lucros, 69-70: política, 74-77; em grupos humanos, 79-80; e lealdade, 81-84; e bens (males) públicos, 108-111.
Itália, sul da, 111.

Japão, 65-84; período de Tokugawa, 111.
Jensen, Marius E., 111n.
Jervis, Robert, 94n.
Johnson, Lyndon B., 105, 114, 117, 122.
Johnson, Samuel, 21n, 26.

Kelly, Stanley, Jr., 78n.
Kierkegaard, Soren, 84.
Koopmans, Tjalling, 10.
Kuhn, Thomas S., 74.
Kummer, Hans, 16n.

Lambert, Jacques, 63n.
Lane, Robert, 42n.
Lasch, Christopher, 112.
Leach, Edmund, 82n.
Lealdade: 46-47, 81-105, 113, 134; e ativação da voz, 81-85; funcionalidade da, 82-86; e inovação, 83-85; e disponibilidade de um grupo substituto, 83-86; e ameaça de saída, 84-89; e modelo de comportamento leal, 71-93; geração e reforço da, 94-103; e bens públicos (males), 98-115.
Leibenstein, Harvey, 22-24.
Leis Públicas, 47, 50-53, 63, 102.
Lerner, A. P., 75n, 78n.
Levin, Henry M., 26n.
Liderança, 85-87; sucessão de, 16-18.
Lindblom, C. E., 23.
Locação, teoria da, 71n, 71-76.
Lowenthal, Richard, 10.
Lucros, 14, 43; maximização de, 20, 66-67; e monopólio indolente, 64-65; e seleção de qualidade, 69-71.

Macacos, 17-18.
MacBird!, (Garson), 114 e n.
McCarthy, Senador Eugene, 105, 117.
March, James, 22, 24.
Mathewson, G. C., 142-144.
Mecanismo de mercado, 25-26, 27-28, 112.
Membros: de grupos ou organizações, 25, 40-41, 62, 79-83, 89-95, 100-101, 120-121, 143-145; de partidos políticos, 85-87. Ver também clientes, eleitores.
Mercado de ações, 53.
Meritocracy, 60n, 111n.
Michels, Roberto, 88.
Miller, W. E., 77n.
Mills, J., 96-97, 141-144.
Minorias, 110-112.
Mobilidade Social, 58-59, 108-109; individual x coletivo, 108-113.
Monopólio, 15, 36-37, 61-66, 69-70; deterioração do desempenho em, 62-63; e interação da voz com a saída 42-43; e voz do consumidor "cativo", 60, 61 e n., 62; comportamento explorador, 61-63; indolente *versus* maximizador, 62-65.
Moscovici, Serge, 124n.
Movimento de "retirada" 105, 109.
Moyers, Bill, 115n.
Myrdal, Gunnar, 100.

Nação, ver Estado.
Nader, Ralph, 37n, 49-50, 124.
National Labor Relations Board, 38.
New Deal, 74.
New York Times, 117n.
Nieto Arteta, Luis Eduardo, 19n.
Nigéria, 9, 51-52, 110.
Nigerian Railway Corporation, 65.
Nixon, Richard M., 75.

Oligopólio, 15.
Olson, Mancur Jr., 48n.
Oportunismo, 103-104, 116.
Organizações, 14, 15-17; papel da voz nas, 47-48; democracia interna nas, 86-89.
Organizações de Pesquisa dos Consumidores, 49-50.
Osborne, John, 117n.

Países Subdesenvolvidos, 42-43, 86.
Paraíso, 20-21.
Passividade, 46-47.
Partidos políticos, 15, 66-79, 80, 86, 120; minimização da distância ideológica entre eleitores, 71-76 e comunicação do descontentamento dos eleitores 76-78; e mobilização dos eleitores indiferentes, 76-78; um partido, 85-88, 98-99; sistemas multipartidários, 86-88; terceiro partido, 86-88. Ver também Sistemas Bipartidários.
Política, 13; e voz, 24-27, 40-41; denúncia da concorrência em, 37; retentores do poder, 40-41, 63-65; e saída, 65. Ver também Sistemas Bipartidários.
Postan, M. M., 22n.
Poupança, 22.
Powell, G. B., Jr., 40n.
Preço, 22, 42, 66; e declínio da qualidade, 33-34, 34-35, 54-55; e a opção de voz, 48-49; e cliente marginal, 53-55; e bens para *connoisseur*, 135.
PRI, (Partido Revolucionário Institucional), México, 91.
Primatas, organização social dos, 17.
Produtos, proliferação de, 47-49; tamanho ou custo dos, 47-49.
Progresso econômico, 17-19; e amplitude de deterioração, 18-20.
Protesto, 117, 123; "domesticação" do, 115.

Qualidade, declínio da, 33,
34-35, 39-40, 133; reação da direção ao, 33-34, 121-122; e aquisição de novos clientes, 35-36; e demanda, 33-36, 39-40, 42-43, 43-45, 54, 130-132; e cliente marginal, 53-55, 135; e cliente consciente de qualidade, 55-57, 116, 137-141; e monopólio, 63; sensibilidade do consumidor a mudanças da, 66-71; e consumidor "cativo", 77-79; e reentrada do membro leal, 88-94; e o comportamento interno do membro leal, 99-102; e bens para *connoisseurs*, 135-138.

RAND Corporation, 117n.
Recuperação (reabilitação), 14-15, 25; e eficiência da opção de voz, 17, 39-40, 43-44, 119-120; eficiência da opção de saída, 16; e elasticidade-qualidade da demanda, 33-35, 42-43, 43-44; e a ameaça de saída, 86-87; e a reentrada do membro leal, 88-92.
Religião, ver Igreja.
Renda, 17; e a opção de saída do consumidor, 31-32, 33, 34-35; na iniciativa pública, 50-52.
Representante do consumidor, 49, 64.
Republicano, Partido, 74-77.
Revolução, 24, 97.
Revolução Americana, 108-109.
Reynolds, Lloyd, G., 64n.
Riecken, H. W., 97n.
Rosenberg, Nathan, 24n.

Saba, Umberto, 113n.
Saída, 15-19, 31-38; e economia, 25, 39-40; preconceito dos economistas pela, 26-27; na política, 26-27, 28-29; disponibilidade da, 31-32; *modus operandi* da, 32-35, 42; e declínio de qualidade, 33-36; e função de reação da direção, 33-34; voz como

153

sobra da, 42-44, 79; voz como alternativa a, 43-50; e lealdade, 45-46, 82-84; junto com a voz, 50-60, 120-125; e acionistas, 52-53; e consumidores de altos extras, 54-56; e clientes conscientes de qualidade, 55-60; e escolas particulares, 58; e monopólio indolente, 64-66; na política japonesa e latino-americana, 66; em oposição à voz, 72, 77-79; nos grupos humanos, 79-83; barreiras institucionais à, 83-87; ameaça do membro leal, 84-91; promessa de reentrada, 90; e iniciação severa, 99-103, 141-147; penalidade para a, 97-100, 143; envolvimento do membro leal de forma a adiar a, 99-102; e bens (males) públicos, 101-103; de posição do governo, 101-105, 113-118; na tradição americana, 107-114; escolha entre voz e, 132-136.
Schachter, Stanley, 97n.
Shannon, F. A., 109n.
Sherif, Muzafer, 124.
Simon, H. A., 22n.
Sindicatos, 16, 84; e concorrência, 37-38.
Singer, H. W., 75n, 78n.
Sistema Bipartidário, 10, 66-78, 112; dinâmica do, 71-73; e terceiro partido, 87-91. Ver também, Partido Político.
Slack, econômico, 21-25, 40-41; organizacional, 21-23; explicações de, 22-23; função latente do, 24-25; político, 23-24, 75-77; oposto à economia de pleno emprego, 20-21, 62-64.
Smithies, Arthur, 75n, 78n.
Snyder, Mark, 141n.
Solo, Robert, A., 26n.
Steuart, Sir James, 19; sua *Inquiry into Principles of Political Oeconomy* (1767), 19.
Stevenson, Adlai E., 114.

Strategy of Economic Development, The (Hirschman), 22, 27.
Streeten, Paul, 74n.
Subsistência, 18-20.
Substituição, capacidade de, 44, 72, 143-144; e mecanismo de *feedback,* 52; e bens para *connoisseurs,* 56-57; e lealdade, 83-85.

Taft, Cynthia, H., 64n.
Taylor, George R., 109n.
Terceiro Mundo, ver Países Subdesenvolvidos.
Thomson, James C., Jr., 115, 117, 118.
Toqueville, Alexis de, 109.
Totalitarismo, 87-88, 98.
Transporte, 52, 58.
Tribo, 83.
Turner, Frederick Jackson, 108.

União Soviética, 43.
United States Post Office, 65-66.
Utilidade, teoria da, 132.

Veblen, Thorstein B., 27.
Verba, Sidney, 42n.
Vietnã 10, 105, 117.
Voz, 16-18, 26-28, 38-50, 59-60, 130-131; e política, 25-26, 40-43, 74-76; em economia, 26, 28; função da, 42; como sobra da saída, 42-44, 81-82; como alternativa da saída, 45-50; e elasticidade da demanda, 42, 44; e membro leal, 45-46, 82-87; custo da, 45; *locus,* 48; junto com a saída, 50, 119-125; e bens de muitas variedades, 58-60; e monopólio, 61-63; e seleção da qualidade pela firma, 69-71; diferentes reações à, 79; em grupos humanos 81-82; ativação da, pela lealdade, 82-84; e inventividade social, 84-85; e efetividade da ameaça de saída, 85-87; e iniciação severa, 95-97; e preço alto da saída, 98-99; no mo-

vimento *black power*, 112; na ideologia americana, 114; escolha entre saída e, 133-135.

Von Neumann — Morgenstern, teoria da utilidade, 132.

Walzer, Michael, 88n.
Washington Post, 117n.
Wilson, Robert, 10.

Young, Michael, 60, 111n.

Zimbardo, Philip, 10, 97.

COLEÇÃO DEBATES

1. *A Personagem de Ficção,* A. Rosenfeld, A. Cândido, Décio de A. Prado, Paulo Emílio S. Gomes.
2. *Informação. Linguagem. Comunicação,* Décio Pignatari.
3. *O Balanço da Bossa,* Augusto de Campos.
4. *Obra Aberta,* Umberto Eco.
5. *Sexo e Temperamento,* Margaret Mead.
6. *Fim do Povo Judeu?,* George Friedmann.
7. *Texto/Contexto,* Anatol Rosenfeld.
8. *O Sentido e a Máscara,* Gerd A. Bornheim.
9. *Problemas de Física Moderna,* W. Heisenberg, E. Schrödinger, Max Born, Pierre Auger.
10. *Distúrbios Emocionais e Anti-Semitismo.* N. W. Akerman e M. Jahoda.
11. *Barroco Mineiro,* Lourival Gomes Machado.
12. *Kafka: pró e contra,* Günther Anders.
13. *Nova História e Novo Mundo,* Frédéric Mauro.

14. *As Estruturas Narrativas*, Tzvetan Todorov.
15. *Sociologia do Esporte*, Georges Magnane.
16. *A Arte no Horizonte do Provável*, Haroldo de Campos.
17. *O Dorso do Tigre*, Benedito Nunes.
18. *Quadro da Arquitetura no Brasil*, Nestor Goulart Reis Filho.
19. *Apocalípticos e Integrados*, Umberto Eco.
20. *Babel & Antibabel*, Paulo Rónai.
21. *Planejamento no Brasil*, Betty Mindlin Lafer.
22. *Lingüística. Poética. Cinema*, Roman Jakobson.
23. *LSD*, John Cashman.
24. *Crítica e Verdade*, Roland Barthes.
25. *Raça e Ciência I*, Juan Comas e outros.
26. *Shazam!*, Álvaro de Moya.
27. *As Artes Plásticas na Semana de 22*, Aracy Amaral.
28. *História e Ideologia*, Francisco Iglésias.
29. *Peru: Da Oligarquia Econômica à Militar*, Arnaldo Pedroso D'Horta.
30. *Pequena Estética*, Max Bense.
31. *O Socialismo Utópico*, Martin Buber.
32. *A Tragédia Grega*, Albin Lesky.
33. *Filosofia em Nova Chave*, Susanne K. Langer.
34. *Tradição, Ciência do Povo*, Luís da Camara Cascudo.
35. *O Lúdico e as Projeções do Mundo Barroco*, Affonso Ávila.
36. *Sartre*, Gerd A. Bornheim.
37. *Planejamento Urbano*, Le Corbusier.
38. *A Religião e o Surgimento do Capitalismo*, R. H. Tawney.
39. *A Poética de Maiakóvski*, Bóris Schnaiderman.
40. *O Visível e o Invisível*, Merleau-Ponty.
41. *A Multidão Solitária*, David Riesman.
42. *Maiakóvski e o Teatro de Vanguarda*, A. M. Ripellino
43. *A Grande Esperança do Século XX*, J. Fourastié
44. *Contracomunicação*, Décio Pignatari
45. *Unissexo*, Charles Winick
46. *A Arte de Agora, Agora*, Herbert Read
47. *Bauhaus — Novarquitetura*, Walter Gropius
48. *Signos em Rotação*, Octavio Paz
49. *A Escritura e a Diferença*, Jacques Derrida
50. *Linguagem e Mito*, Ernst Cassirer
51. *As Formas do Falso*, Walnice Galvão
52. *Mito e Realidade*, Mircea Eliade
53. *O Trabalho em Migalhas*, Georges Friedmann
54. *A Significação no Cinema*, Christian Metz
55. *A Música Hoje*, Pierre Boulez
56. *Raça e Ciência II*, L. C. Dunn e outros
57. *Figuras*, Gérard Genette
58. *Rumos de uma cultura tecnológica*, A. Moles
59. *A Linguagem do Espaço e do Tempo*, Hugh Lacey
60. *Formalismo e Futurismo*, Krystyna Pomorska
61. *O Crisântemo e a Espada*, Ruth Benedict
62. *Estética e História*, Bernard Berenson
63. *Morada Paulista*, Luís Saia
64. *Entre o Passado e o Futuro*, Hannah Arendt
65. *Política Científica*, Darcy M. de Almeida e outros.

66. *A Noite da Madrinha*, Sergio Miceli.
67. *1822: Dimensões*, Carlos Guilherme Mota e outros.
68. *O Kitsch*, Abraham Moles.
69. *Estética e Filosofia*, Mikel Dufrenne.
70. *Sistema dos Objetos*, Jean Baudrillard.
71. *A Arte na Era da Máquina*, Maxwell Fry.
72. *Teoria e Realidade*, Mario Bunge.
73. *A Nova Arte*, Gregory Battcock.
74. *O Cartaz*, Abraham Moles.
75. *A Prova de Goedel*, Ernest Nagel e James R. Newman.
76. *Psiquiatria e Antipsiquiatria*, David Cooper.
77. *A Caminho da Cidade*, Eunice Ribeiro Durhan.
78. *O Escorpião Encalacrado*, Davi Arriguci Júnior.
79. *O Caminho Crítico*, Northrop Frye.
   (*A Operação do Texto*, Haroldo de Campos)
80. *Economia Colonial*, J. R. Amaral Lapa
81. *Falência da Crítica*, Leyla Perrone-Moisés
82. *Lazer e Cultura Popular*, Joffre Dumazedier
83. *Os Signos e a Crítica*, Cesare Segre
84. *Introdução à Semanálise*, Julia Kristeva
85. *Crises da República*, Hannah Arendt
86. *Fórmula e Fábula*, Willi Bolle
87. *Saída, Voz e Lealdade*, Albert Hirschman
88. *Repensando a Antropologia*, E. R. Leach
89. *Semiótica e Literatura*, Décio Pignatari
90. *Limites do Crescimento*, Donella H. Meadows e outros
91. *Manicômios, Prisões e Conventos*, Erving Goffman
92. *Maneirismo*: *O Mundo como Labirinto*, Gustav R. Hocke
93. *Fenomenologia e Estruturalismo*, Andrea Bonomi
94. *Cozinhas, etc.*, Carlos A. C. Lemos
95. *As Religiões dos Oprimidos*, Vittorio Lanternari
96. *Os Três Estabelecimentos Humanos*, Le Corbusier
97. *As Palavras sob as Palavras*, Jean Starobinski
98. *Introdução à Literatura Fantástica*, Tzvetan Todorov
99. *O Significado nas Artes Visuais*, Erwin Panofsky
100. *Vila Rica*, Sylvio de Vasconcellos

IMPRIMIU
TELS.: 52-7905 e 52-3585
S. Paulo — Brasil